Klaus Hemmerle

Die leise Stimme

Schwester Ulrika.

Klaus Hemmerle

Die leise Stimme

Ulrika Nisch

ihr Weg und ihre Botschaft

Mit einem Nachwort
von Erzbischof Oskar Saier

Herder Freiburg · Basel · Wien

Umschlagbild: Blick von der Halbinsel Höri
nach Niederzell/Insel Reichenau.
Foto: Wolfgang Müller

Fotonachweis S. 2 (Schwester Ulrika) und S. 29:
Provinzhaus der Kreuzschwestern von Hegne

Herstellung: Freiburger Graphische Betriebe 1987
ISBN 3-451-21152-1

Inhaltsverzeichnis

Vorwort

Am 1. November 1987, am Allerheiligentag, trägt Papst Johannes Paul II. die Hegner Kreuzschwester Ulrika Nisch durch feierlichen Akt in das Verzeichnis der Menschen ein, die in der Kirche öffentlich als Selige verehrt werden. Das Leben dieser Ordensfrau, die am 18. September 1882 in Mittelbiberach-Oberdorf geboren wurde, am 24. April 1907 ihre heilige Profeß in Hegne ablegte und am 8. Mai 1913 dort starb, ist äußerlich viel weniger bewegt und zeigt auch innerlich viel sachtere Konturen als etwa das Leben der beiden Anfang Mai 1987 beim Papstbesuch in Deutschland Seliggesprochenen, Edith Stein und Rupert Mayer. Wer aber behutsam genug hinhört auf das, was Weg und Gestalt von Ulrika Nisch uns sagen, der wird nicht minder getroffen sein von der einen Botschaft des Evangeliums, die auf mannigfaltige Weise sich uns zuspricht in der Gemeinschaft der Heiligen.

Jene Kleinen und mit Lasten Beladenen, denen die Aufmerksamkeit und Liebe Jesu zuerst gilt und denen der Geist das Verborgene zuerst eröffnet, haben schon lange und in großer Zahl ihre Verwandte und Helferin in dieser wahrhaft kleinen, mit der Last des Kreuzes beladenen, mit dem Licht des Geistes beschenkten Schwester Ulrika Nisch entdeckt. Vertrauen und Liebe der Gläubigen haben Ulrika Nisch aus dem Hintergrund der Unscheinbarkeit herausgehoben und den Zugang zu ihrem Geheimnis eröffnet.

Die vier Kapitel dieses Buches wollen die bereits vorliegenden Lebensbeschreibungen und Lebensdeutungen, „Kein Maß kennt die Liebe" von Benedikt Baur und „Er hat auf meine Niedrigkeit geschaut" von Walbert Bühlmann, nicht ersetzen, sondern ergänzen. Ich möchte meinen Beitrag als Rechenschaftsbericht bezeichnen, den ich schuldig bin: zum einen einfach als Christ, der mit allen anderen Christen gemäß der Aussage des Zweiten Vatikanischen Konzils (LG 39ff.) zur Heiligkeit berufen ist, zum andern als Bischof, der seinen Mitchristen Geleit und Hilfe anzubieten hat auf dem gemeinsamen Weg solcher Berufung. Heute, so bin ich überzeugt, spricht die leise Stimme, die Schwester Ulrika rief, gerade durch ihr Zeugnis zu uns.

1. Kapitel: Die leise Stimme

Die nähere Beschäftigung mit Schwester Ulrika Nisch fiel für mich in eine Zeit starker und lauter Eindrücke inmitten meines Dienstes als Bischof. Zuerst hatte ich es schwer, mich bei meiner Betrachtung durchzuringen zur Aufmerksamkeit auf das so stille und unscheinbare Geschehen, auf die großenteils recht gewohnten Worte und Inhalte, die sich mir da anboten. Aber Schritt um Schritt und dann am Ende ganz deutlich entdeckte ich, wie ich selber still wurde. Die einfachen Grundzüge meines Christseins traten mir mit seltener Eindringlichkeit vor Augen, es war an mich etwas ergangen wie ein Ruf zur Einkehr und Umkehr.

Was ist da geschehen? Ich habe mir angewöhnt, auch in der Begegnung mit Menschen immer neu nach dem „Wort“ zu suchen, das in ihnen der Herr mir und vielleicht auch anderen sagt. Ich glaube daran, daß das Wort, das wir im Evangelium hören, dasselbe Wort ist, in welchem Gott auch die Welt geschaffen, jeden einzelnen Menschen geschaffen und gerufen hat. Begegnung mit Menschen wird zur Begegnung mit dem Evangelium. So gewinnt die Begegnung mit den Menschen für mich Tiefe, die Begegnung mit dem Evangelium für mich Nähe.

Daher suchte ich nach einem Schlüsselwort, das mir Zugang schenkt zu dem vielfältigen Geflecht lebendiger Worte in Leben und Botschaft von Ulrika Nisch.

Unversehens kam mir die Gottesschau des Propheten Elija in den Sinn:

> „Der Herr antwortete: Komm heraus, und stell dich auf den Berg vor den Herrn! Da zog der Herr vorüber: Ein starker, heftiger Sturm, der die Berge zerriß und die Felsen zerbrach, ging dem Herrn voraus. Doch der Herr war nicht im Sturm. Nach dem Sturm kam ein Erdbeben. Doch der Herr war nicht im Erdbeben. Nach dem Beben kam ein Feuer. Doch der Herr war nicht im Feuer. Nach dem Feuer kam ein sanftes, leises Säuseln. Als Elija es hörte, hüllte er sein Gesicht in den Mantel, trat hinaus und stellte sich an den Eingang der Höhle." (1 Kön 19, 11–13)

Was brachte mich auf dieses Schriftwort?

Es gibt auf dem ganzen Lebensweg von Schwester Ulrika kein grelles Flammenzeichen, keinen ins Äußere hinein ausbrechenden Sturm, keine alles umwendende Erschütterung, nicht einmal eine in ihren Stationen deutlich faßbare Berufungsgeschichte. Alles lief äußerlich so diskret, daß keine Signale auf Ungewöhnliches hin, keine Marksteine, keine scharfen Umrisse sichtbar werden.

Es war in der Tat eine leise Stimme, die Schwester Ulrika auf ihren Weg rief, und mit einer leisen, aber entschiedenen Antwort ging sie auf diese

Stimme ein. Die Zeichen dessen, was in ihr geschah, blieben so leise, daß das Geheimnis dieser Schwester auch im eigenen Konvent schier verborgen blieb, ihr Weg nur in der tiefen Verschwiegenheit zwischen ihr, einem geistlichen Begleiter und der eigenen Oberin zur Sprache kam und sich dann in eine letzte Stille zurücknahm.

Wie ein Symbol für dieses leise Geschehen steht es, daß ihre zum Tode führende Krankheit, eine Lungen- und Kehlkopftuberkulose, auch äußerlich ihre Stimme beinahe erstickte.

Die Tugenden und Gnaden, die typisch für Ulrika Nisch sind, sprechen dieselbe Sprache des Leisen, die an der Lebensgestalt abzulesen ist. Gebet, das die geprägten Worte flieht und seine Glut im schweigenden Dasein vor dem Herrn entfaltet, Einfügung in die Gemeinschaft, auch wo es mit Schmerz und innerem Kampf verbunden ist, Verdemütigung, die auf ungerechte Vorwürfe nicht antwortet und alles dem Herrn schenkt für die andern, Aushalten im Verlöschen der Lichter und Verstummen der tröstenden Zusprüche, Dienst, der für den andern alles tut und dabei nicht von sich spricht: dies füllt die ganze Lebenszeit und zumal die Klosterjahre.

Die Stille über dem Weg, ein schweigendes Leben in der Gegenwart des schweigenden Gottes und im schweigenden Dienst für den andern, dies wird ergänzt durch eine Spiritualität, deren Inhalte und Ausdrucksformen keineswegs aus dem Zeitüblichen und Klosterüblichen herausfielen, auf irgendeine Weise „spektakulär“ oder doch „interessant“

wären. Was Ulrika liest und hört, aber auch was sie sagt und schreibt, findet sich durchgängig auch anderswo. Und doch sagt und schreibt sich darin ein Zeugnis, das den aufhorchen läßt, der auf die leise Stimme hört.

Ich habe mich umgeschaut im Leben anderer Heiliger und geistlicher Gestalten, deren Botschaft weiterwirkt. Niemand fand ich dabei, der leiser, unauffälliger, tiefer inwendig in der Verborgenheit Gottes gelebt und gewirkt hätte als Ulrika Nisch; daß sie, immer wieder angezogen vom beschaulichen Leben, ihren Platz doch gefunden und gewahrt hat in der „tätigen" Gemeinschaft der Hegner Kreuzschwestern, schmälert nicht, sondern vertieft die Verschwiegenheit, die über ihrem Leben und auch über ihren Gnaden liegt.

Das Wort aus dem Brief des heiligen Märtyrerbischofs Ignatius an die Christen in Ephesos aus dem 2. Jahrhundert erhält in ihr einen Widerhall: „Besser ist es, zu schweigen und zu sein, als zu reden und nicht zu sein."

Der Umblick auf andere Gestalten geistlichen Lebens, die für uns heute wichtig sind, hat mir nichtsdestoweniger geholfen, diese Verschwiegenheit, diese leise Stimme von Schwester Ulrika einzuordnen in eine breitere und vielgestaltige Grundströmung.

Keine Zeit der Geschichte war so vom Lärm erfüllt wie die unsere: Zeit der Weltkriege, Zeit der Motoren, Zeit der Medien, welche die Worte, Klänge und Signale ins Ungemessene verstärken, vervielfältigen und weltweit verbreiten.

Ich glaube, daß Gott auch dieser Mittel sich bedient, um den Menschen durch seine Botschaft dort zu erreichen, wo er ist. Ich glaube auch, daß Gott dort, wo die Menschen sind, sie beruft und seine Zeichen mitten im Strom dieses lauten Lebens aufrichtet und nicht nur abseits in der Stille der Abgeschiedenheit. Und doch haben in diesem Kontext die Klöster und die Kathedralen, die Wüsten und die Zellen, die Küchenherde und die Krankenbetten ihren unverwechselbaren geschichtlichen Rang. Was Reinhold Schneider wenige Jahre vor Ausbruch des Zweiten Weltkriegs in beschwörender Klarsicht sagte, reicht über die Situation von damals hinaus:

„Allein den Betern kann es noch gelingen,
Das Schwert ob unsern Häuptern aufzuhalten
Und diese Welt den richtenden Gewalten
Durch ein geheiligt Leben abzuringen.

Denn Täter werden nie den Himmel zwingen:
Was sie vereinen wird sich wieder spalten,
Was sie erneuern über Nacht veralten,
Und was sie stiften Not und Unheil bringen.

Jetzt ist die Zeit, da sich das Heil verbirgt,
Und Menschenhochmut auf dem Markte feiert,
Indes im Dom die Beter sich verhüllen,

Bis Gott aus unsern Opfern Segen wirkt,
Und in den Tiefen, die kein Aug entschleiert,
Die trocknen Brunnen sich mit Leben füllen."

(Rheinhold Schneider, Jetzt ist des Heiligen Zeit. Kolmar o.J., 10)

Daß stilles Verweilen in Gott allein und innere Lebenshingabe für die andern, gerade für sie Sünder, sich bei Ulrika Nisch mit der visionären Ahnung des herannahenden Weltkrieges verbanden, sei hier vermerkt.

Die leise Stimme, die Stimme des Leisen ist heute besonders nötig, sie kennzeichnet die Alternative des Christlichen, die ohnmächtige Macht dessen, der nicht durch die Tat, sondern durch die Passion uns erlöst und gerade in ihr uns zur Tat befähigt hat. Das ist mehr als eine nur allgemeine Erwägung im Blick auf unser Zeitalter. Schauen wir uns um nach Vorzeichen, die der Herr unserem Jahrhundert setzte, nach Wegzeichen, die diesen Zeitgang begleiten, nach Zukunftszeichen, die uns heute weiterführen, so treffen wir auf einen Chor der leisen Stimmen.

Vorzeichen unseres Jahrhunderts: eine heilige Therese von Lisieux, die Lehrmeisterin des „kleinen Weges", Charles de Foucauld, der „kleine Bruder" aller, der sich eingräbt in die Stille von Nazaret, in den Zweiklang von Anbetung und Solidarität mit den Ärmsten. Bei ihnen ist das als Programm formuliert und in äußerster Verdichtung gelebt, was, näher bei uns und unserer Alltäglichkeit, ein heiliger Bruder Konrad von Parzham und – so dürfen wir im Vorblick sagen – eine selige Ulrika Nisch durch ihr Leben bezeugen.

Gehört hierher aber nicht auch, trotz ganz anderer Lebensumstände, das Zeugnis der Märtyrer, jener, deren Stimme in den Konzentrationslagern zum Verstummen gebracht und ausgelöscht wurde? Kirche des Schweigens, Kirche der Armen, Kirche der Anbetung: ich bin mir sicher, daß eine geistliche Kirchengeschichte unseres Jahrhunderts nicht ohne diese drei Kapitel geschrieben werden wird. Im Chor der leisen Stimmen hat Ulrika Nisch ihren Platz, und es wird uns darum gehen müssen, das Einmalige und Besondere gerade ihres Platzes zu erspüren.

Es führt uns nur scheinbar von ihr weg, wenn wir noch einen Augenblick bei der „Kirchengeschichte unseres Jahrhunderts" stehenbleiben. So wichtig in dieser der Chor und das Zeugnis der leisen Stimmen sind, der geistliche Charakter unseres Jahrhunderts ist damit gewiß nicht erschöpft.

Jugendbewegung, Bibelbewegung, liturgische Bewegung, ökumenische Bewegung müssen hier genannt werden. Sie sind wie „Vorentwürfe" zu jenem Bild der Kirche, das im Zweiten Vatikanischen Konzil erstrahlt und das es rechtfertigt, von einem „Jahrhundert der Kirche" zu sprechen. Diese Themen und der neue Atem, mit dem sie seit der Jahrhundertwende Menschen in Bewegung setzen, scheinen vorbeigegangen zu sein an der Lebenswelt und Mentalität einer Ulrika Nisch. Wir werden indessen bei der Frage nach der Botschaft von Ulrika Nisch aufs neue danach zu fragen haben, ob nicht in diesem ganz anderen Gelände ihrer Spiritualität und Erfahrung Adern lebendigen Wassers laufen, die eine unterirdische Verbindung herstellen. Sie wird freilich nur dem merklich, der auf leise Stimmen hört. Einer der wichtigsten Texte, um die Seele des Jahrhunderts der Kirche zu begreifen, steht in der Selbstbiographie der heiligen Therese von Lisieux. Ihr geht auf, „daß die Liebe alle Berufungen in sich schließt, daß die Liebe alles ist". Und so entdeckt sie: „Ja, ich habe meinen Platz in der Kirche gefunden. Du hast ihn mir gegeben, mein Gott. Im Herzen der Kirche, meiner Mutter, will ich die Liebe sein ..." (Manuscrits autobiographiques, Lisieux 1957, 227 ff.). Diese beileibe ungewöhnliche Formulierung hat – ohne daß Ulrika Nisch davon hätte wissen können – in ihren Äußerungen und Aufzeichnungen mehr als einmal einen gleichklingenden Widerhall: Ulrika will Liebe *sein*. Dies führt sie über ihr eigenes Ich hinaus zu Stellvertretung, Solidarität, Dasein für, Einfügung in die Gemeinschaft.

Kirche als Liebe: das ist die Innenseite, vielleicht dürfen wir im Blick auf das achte Kapitel der Kirchenkonstitution des II. Vaticanums sagen, die „marianische" Seite jenes neuen Verstehens von Kirche, das ein besonderes Geschenk des Geistes an unser Jahrhundert ist. Und es könnte sein, daß ein Zeugnis wie das von Ulrika Nisch uns gegen Ende dieses Jahrhunderts mit neuer Eindringlichkeit in dieses Innen, in diese marianische Dimension von Kirche hineinziehen will. Die Stichworte, auf die es hier bei Ulrika Nisch zu achten gilt, heißen: Maria, Dreifaltigkeit, Kreuzesdunkel. Auch sie klingen bei Ulrika leiser als anderswo, und doch ist gerade dies ihre einladende Mächtigkeit.

2. Kapitel: Der Weg

Mit den vier Kapiteln dieses kleinen Buches geht es wie mit einem Vierfarbendruck. Jede der vier Platten erstreckt sich auf die ganze Fläche des Bildes, und doch gehören die vier Platten zusammen, damit das Bild selber aufgeht. Unsere Zugangsbetrachtung über das Schlüsselwort von der leisen Stimme, in welcher der Herr sich offenbart, aber auch der später folgende Versuch, die geistliche Gestalt des Lebens und der Spiritualität von Ulrika Nisch zu umreißen, wie schließlich die abschließende Bemühung, die bleibende Botschaft zu fassen, sind bezogen auf den Lebensweg Ulrikas. Meist bildet ein solcher Lebensweg den Leitfaden, um eine Persönlichkeit darzustellen. Daß ich es hier anders anlege, daß dieser Lebensweg also nur die zweite Farbplatte der vier ist, die das Bild ergeben sollen, hat einen doppelten Grund. Einmal ist das Leben von Ulrika Nisch in den erwähnten Büchern von Benedikt Baur und Walbert Bühlmann auf gediegene und ansprechende Weise zugänglich; zum andern aber gehört es zur inneren Eigenart der leisen Stimme, welche Schwester Ulrika ist, daß ihr Leben als solches nicht eigentlich dramatisch und kontrastreich, sondern zurückgezogen, zurückgenommen in eine stille Alltäglichkeit verläuft, die es schwermacht, sie spannend und interessant zu erzählen.

Dennoch glaube ich, auf dieses Erzählen des Lebens nicht verzichten zu dürfen. Es selbst *ist* die leise Stimme, *ist* Träger der Botschaft, die es enthält. Aber eben Träger, Schale, Ausdruck der Person, die sich zurücknimmt und von Gott zurückgenommen ist in jene Einfalt des Daseins, die nicht sich ins Licht bringt, sondern Ihn.

So beschränke ich mich auf das Markieren der wesentlichen Lebensstationen durch wenige Daten und deren Deutung.

1. Kleine Verhältnisse

Ulrika, mit Taufnahmen Franziska, wurde im schwäbischen Mittelbiberach-Oberdorf am 18. September 1882 geboren und tags darauf in der Pfarrkirche zu Mittelbiberach getauft. Die Mutter von Franziska war Klothilde Dettenrieder. Klothilde war unter 10 Kindern die älteste Tochter aus der Ehe zwischen dem Schmiedemeister Konrad Dettenrieder und seiner Frau Franziska. Die Dettenrieders waren eine fleißige, gediegene und religiöse Familie. Nach ihrer Schulzeit arbeitete Klothilde als Kellnerin in der Wirtschaft „Zum Rössle" in Mittelbiberach. Hier lernte sie, 23jährig, Ulrich Nisch aus dem nahen Unterstadion kennen, der eine Stelle als Roßknecht im Gutshof des Schlosses Mittelbiberach innehatte. Die beiden liebten sich und wollten heiraten. Dem standen aber die kargen häuslichen Verhältnisse entgegen. Vater Nisch hatte seinen eigenen Hof verkaufen müssen und war arm, der Sohn hatte einen nur spärlichen Verdienst, und auch Familie Dettenrieder konnte ihrer Ältesten nicht die wirtschaftliche Grundlage für eine Familiengründung bieten. Daß es in dieser Situation zur Schwangerschaft von Klothilde kam, war dieser und ihrer Familie eine schwere Last. In solche Spannung hinein wurde Franziska geboren. Sie wurde dennoch von der Familie Dettenrieder mit Liebe aufgenommen und ins Leben begleitet; zumal ihre Patin Gertrud, die jüngere Schwester ihrer Mutter, war Hilfe und Stütze für das Kind. Klothilde Dettenrieder und Ulrich Nisch konnten am 24. September 1883 in Unterstadion heiraten, und Franziska wurde von ihm als eheliches Kind angenommen.

Bis zu ihrer Einschulung 1889 blieb sie jedoch bei den Großeltern und der Patin in Mittelbiberach-Oberdorf und genoß dort eine ausgeprägt religiöse Erziehung, der auch die Neigung der Kleinen auffallend entsprach.

Die Eltern Nisch hatten sich in einem kleinen, recht ärmlichen Häuschen in Unterstadion einrichten können. Hier betrieb Vater Ulrich Nisch die Gemeindebäckerei, also den Backofen, in welchem gegen geringes Entgelt täglich der von den Hausfrauen gebrachte Brotteig gebacken wurde. Die 13 (oder 14) Kinder der Familie Nisch, von denen eine größere Anzahl in den ersten Wochen oder Monaten ihres Lebens starb, ließen einen nur schmalen

Spielraum für die Lebensgestaltung. Trotz gediegenen und geordneten religiösen Lebens drückte die Armut, und das häusliche Klima war nicht von jener Güte und Herzlichkeit durchwärmt, die Franziska bei Familie Dettenrieder erfahren hatte. Sie selbst war ein freundliches, aber eher scheues, bescheidenes Kind, bei dem die hellblonden dicken Haarzöpfe – man nannte Franziska „Schimmele" – schier als einziges auffielen. Ein ihr besonders lieber Aufenthaltsort war die Wallfahrtskapelle „Maria Schnee". Das Angezogensein vom Gebet, vom stillen Verweilen beim Herrn, bei seiner Mutter und den Heiligen zeichnete sich schon früh als Grundton des Lebens von Franziska ab.

Vater Nisch mußte seine Arbeit nochmals wechseln und arbeitete seit 1899 in der Zementfabrik in Ehingen, wo er sich auch 1900 niederließ. Franziska war bereits 1894, noch vor Ende ihrer Schulzeit, wieder nach Oberdorf zurückgekehrt und wohnte bei ihrer Patin Gertrud, die 1886 Karl Metzger geheiratet hatte und mit ihm eine kleine Landwirtschaft und das Gasthaus „Zum Grünen Baum" unterhielt.

In diese Zeit fiel auch Franziskas Erstkommunion am Weißen Sonntag 1895, die offenbar einen tiefen Eindruck in ihrer Seele hinterließ, wie wir aus einem späteren Zeugnis wissen, und bald darauf die Firmung durch den Rottenburger Bischof Wilhelm Reiser. Im Haushalt der Tante mit ihren drei Jungen war Franziska eine unschätzbare Hilfe auch über die Schulzeit hinaus. Sie blieb bis 1898 bei Familie Metzger. Bereits in dieser Zeit war gelegentlich davon die Rede, daß sie einen Zug zum Ordensleben verspüre. Die „kleinen Verhältnisse", in welche Franziska hineingeboren wurde und die sie auch mit schlichter Selbstverständlichkeit annahm, ließen jedoch nicht zu, solche Gedanken unmittelbar weiterzuverfolgen.

Franziska mußte versuchen, auch zum Lebenkönnen der Familie einen Beitrag zu leisten. Sie war zwar bei ihrer Patin gut aufgehoben, aber einen Lohn für ihre Mithilfe konnte sie nicht erwarten und so auch nichts zum Haushalt der Eltern beisteuern.

Daher mußte Franziska sich von ihrer bergenden Umwelt trennen und nahm nacheinander – mit einer kurzen Unterbrechung – drei Stellen als Dienstmagd an. Die erste, 1898–1899 in Sauggart nahe Riedlingen an der Donau, war die belastendste: Ihr Dienstherr war der Bruder ihrer Mutter, Konrad Dettenrieder, der dort ein Geschäft und eine Käserei besaß und viel unterwegs war. Die Sorge für Haus, Kinder und Geschäft konnte von seiner Frau nicht mehr wahrgenommen werden, da diese bei einer Schwangerschaft einen Gehirnschlag erlitten hatte und seither in geistiger Verwirrung lebte. Der Umgang mit dieser Frau war für die Familie und zumal für die „Fremde", die hinzukam, schier unerträglich, und die Sechzehnjährige wußte nicht, wie mit dieser Aufgabe fertig werden.

Anders erging es ihr an der zweiten Stelle, die sie, nach einer kurzen Pause im Haushalt der geliebten Patin Gertrud, dann im nahen Biberach antrat: bei der evangelischen Familie des Bäckers und Konditors Mühlschlegel. Dem Entschluß von Franziska, beständig und ausdrücklich aus der Mitte ihres Glaubens zu leben, wurde nichts durch die andersgläubige Familie in den Weg gelegt, es kam im Gegenteil zu einem guten gegenseitigen Einvernehmen.

Dennoch verließ Franziska 1901 diese Stelle und tat von Oktober dieses Jahres an Dienst bei Familie Morger in Rorschach in der Schweiz. Der Grund: bessere Verdienstmöglichkeiten, die ausgenutzt werden mußten, um den Eltern wirksamer unter die Arme greifen zu können. Professor Morger leitete das Lehrerseminar, seine Frau und er waren eine gestrenge Dienstherrschaft, sie verstanden sich aber aufs beste mit Franziska, zumal diese von den Kindern der Familie heiß geliebt wurde. Die Jahre in Rorschach waren für den weiteren Lebensweg Franziskas entscheidend. Im Verlauf der schweren Erkrankung an Gesichtsrose 1904 fand dann im Krankenhaus, wo die Kreuzschwestern ihren Dienst taten, Franziska den Ort, an welchen der Herr sie rief. Zum großen Leidwesen der Familie Morger, aber auch der eigenen Eltern, setzte, ohne einen entsprechenden materiellen und beruflichen Hintergrund, Franziska ihren Eintritt in Hegne bei den Kreuzschwestern durch.

Den 22 Jahren in den kleinen Verhältnissen zu Hause und in wechselnden Diensten folgten nun nur noch die neun Lebensjahre im Kloster – wiederum, wenn auch ganz anders, in „kleinen Verhältnissen“: Franziska, die nunmehr den Namen Ulrika erhielt, war die „zweite Küchenschwester“

und dann zum Schluß „die Kranke". Gerade ihr Klostername Ulrika faßt beide „kleinen Verhältnisse" – die ihres Zuhause und die ihres Klosterlebens – in eines: Der Name wurde ihr gewiß im Blick auf den Vater gegeben, sozusagen als Auftrag, im Dasein für den Herrn und seinen Dienst allein die Last ihrer Herkunft und ihrer Familie geistlich mitzutragen. So entspricht es dem Programm der Kreuzschwestern: „Ganz dem Gekreuzigten und darum ganz dem Nächsten, der Liebe Christi Stellvertreterin." Die kleinen Verhältnisse *sind* Ruf, sie anzunehmen und zu übernehmen in der Gemeinschaft mit dem Gekreuzigten und sie so in Liebe zu verwandeln.

2. Der Ruf der stillen Stimme

Welches ist die innere Geschichte, die in den unscheinbaren äußerlichen Daten des Weges bis zum Kloster sich verbirgt?

Zeugnisse in Aussagen Dritter, die das eine oder andere Wort Ulrikas überliefern und von ihrer Verhaltensweise sprechen, einige Zeilen in erhaltenen Briefen Ulrikas sind für eine Antwort die einzigen Quellen. Statt sie im einzelnen auszuschöpfen, seien die Linien gezogen, die sich zwischen diesen spärlichen und recht verstreuten Punkten doch deutlich genug ergeben.

Das Wichtigste ist ein selbstverständliches und stetes, nie krisenhaft unterbrochenes Hingezogenwerden zum Gebet. Der Besuch der heiligen Messe, wenn irgend möglich auch am Werktag, das Verbringen der Freizeit in der Kirche oder in der stillen Sammlung, die starke Betonung, daß auf Gott allein alles ankommt, in den uns erhaltenen Briefen, der hohe Wert, den Franziska/Ulrika dem Beten auch im Umgang mit den ihr anvertrauten Kindern beimißt: dies alles spricht leise, aber klar von jenem „Gezogenwerden mit den Banden der Liebe" (vgl. Hos 11,4), das sich in der mystischen Vereinigung mit Jesus hernach als Lebensziel und Lebensruf von Schwester Ulrika erweisen wird. Leben in der Anziehung Gottes, dies ist *die* Grundlinie, die sich von Anfang an in ihrem Lebensweg zeigt. Er ruft, auch wenn wir die Bahnen nicht ermitteln können, auf welchen sein Ruf ankommt und trifft.

Eine zweite Grundlinie: Immer wieder wird betont, daß Franziska/Ulrika zufrieden ist, keine Vorwürfe macht, schweigend annimmt. Gewiß ist sie unter den Belastungen in Sauggart schier zusammengebrochen und hat auch geweint. Aber sie macht sich nie zum Problem; ihre Dankbarkeit den Eltern, dem Nächsten und zumal dem Herrn gegenüber ist durch negative Erfahrungen nicht zu erschüttern. Sie nimmt an, wie Er es schickt, und erblickt gerade darin den Ernstfall ihrer Gottverbundenheit. Der ruft, ist stärker als ihr Ich, und so wird ihr eigenes Leben leise im Hören und Annehmen der rufenden Stimme.

Das dritte: Die kleinen Verhältnisse, unter denen sie lebt, erlegen ihr etwas auf, was sie aus innerster Freiheit bis zum Ende als *ihr* Verhältnis zum andern, zu allen andern leben wird, das Leben für …

Der Ruf, der zur Stille bei Ihm und zur Vereinigung mit Ihm drängt, drängt auch zur Bereitschaft, sich für den andern einzusetzen, das eigene Leben und Leiden an Christus im Nächsten zu verschenken. Ist nicht auch dies die innerste Seele ihres Rufes gerade zu den Kreuzschwestern? Sie sehnt sich nach dem beschaulichen Kloster, nach einem Leben ausschließlich im Gebet. Aber sie entdeckt, daß ihr Platz, der Platz auch ihrer mystischen Vereinigung mit Gott, mitten im Dienst an den andern, mitten im Leben für sie und im Kreuztragen für sie vorgesehen ist. Die Spannung zwischen Kontemplation und Dienst löst sich für sie in der Entscheidung für den Dienst als den Bewährungsort der Kontemplation.

Ein Zeugnis, das sich auf die Zeit unmittelbar vor ihrem Eintritt ins Kloster bezieht, sei hier eigens zitiert. Es stammt von der damals 14jährigen Paula Morger, eines der Kinder jener Familie in Rorschach, bei welcher Franziska/Ulrika Dienst tat: „Wir fragten sie, ob die Eltern [mit dem Entschluß, ins Kloster zu gehen,] einverstanden seien, und sie antwortet: ‚Nein'. Da fragten wir sie, ob sie nun doch gehe, was sie mit einem bestimmten Ja beantwortete und sagte: ‚Es wird schon gehen.' Dabei strahlte sie. Wir staunten über den Mut, verstanden es aber nicht. Ich fühlte auch bald, daß Franziska uns nicht mehr so ganz gehörte wie zuvor und daß Er sie ganz absorbierte." Ganz für Gott – und darum ganz für den Menschen.

3. *Stiller Dienst*

Am 17. Oktober 1904 trat Franziska Nisch, nach Abschied von ihren Lieben zu Hause und zumal von der Familie ihrer Patin, im Provinzhaus zu Hegne in die Genossenschaft der Kreuzschwestern ein.

Versuchen wir, einen roten Faden zu finden, der durch die verschiedenen Stationen ihres nun folgenden Klosterlebens hindurchführt, dann legt sich als Kurzformel nahe: stiller Dienst. Ist das nicht nur die Außenseite? Müßten wir nicht zuerst von der alles beseelenden Versenkung in Gott sprechen? Gewiß ist diese die Mitte. Aber eine Mitte, die sich mit innerer Konsequenz in *diesem* Leben und *seiner* Berufung umsetzt in die Gestalt verborgenen Dienens. Dieser Gestalt begegneten alle, die Schwester Ulrika begegneten. Stiller Dienst blieb unverändert das Kennzeichnende auf allen Etappen ihres Weges.

Werfen wir indessen zuerst einen Blick in den Raum, den die von Gott Gerufene betritt, in die Kongregation der Barmherzigen Schwestern vom Heiligen Kreuz in Ingenbohl. Zwei markante Gestalten standen am Anfang dieser damals noch jungen, aber bereits großen Gemeinschaft: der Kapuzinerpater Theodosius Florentini (1808–1865) und Mutter Maria Theresia Scherer (1825–1888). Pater Theodosius war, getrieben vom Geist des heiligen Franziskus, von seiner Liebe zum Kreuz und zu den Armen, zugleich äußerst sensibel für die „Zeichen der Zeit". Seine Frage lautete: Wo begegnen wir im

Heute dem Kreuz und den Armen? Diese Frage führte ihn in die Bruchzonen der Gesellschaft, in die neuen Nöte, die beim Übergang von einer landwirtschaftlich geprägten zu einer industriellen Gesellschaft damals massiv aufbrachen. Er erkannte, daß die Antwort auf die lebendige Frage, welche die „neuen Armen" waren, auf drei Feldern erfolgen müsse:

im geistlichen Ernstnehmen der Botschaft des Evangeliums;

im konkreten Dienst am Notleidenden;

im Entwurf neuer sozialer Modelle und Strukturen.

Zwar waren seinen sozialreformerischen Bemühungen keine bleibenden Erfolge beschieden, wohl aber trugen seine Bemühungen um das geistliche Zeugnis und das Zeugnis des helfenden Dienstes reiche Frucht. Sein Kontakt mit Mutter Maria Theresia Scherer führte eben zur Gründung der Ingenbohler Kreuzschwestern; aber auch eine andere wichtige geistliche Gemeinschaft verdankt ihm ihre Entstehung: Mutter Maria Bernarda Heimgartner wurde gemeinsam mit ihm zur Gründerin der Kongregation der Lehrschwestern vom Heiligen Kreuz in Menzingen.

Mutter Maria Theresia Scherer, aus ärmsten Verhältnissen und ohne Schulbildung, entwickelte nichtsdestoweniger aus ihren reichen Gaben des Herzens und Geistes einen überaus tatkräftigen Einsatz, der sichtbar vom Herrn gesegnet wurde. Als 19jährige traf sie bereits mit Pater Theodosius zusammen, und mit 31 Jahren, im Jahre 1856, errichtete sie schon das Mutterhaus ihrer Genossenschaft in Ingenbohl. Diese breitete sich mit Windeseile aus und umfaßte beim Tod der Gründerin über 1600 Schwestern. Verankerung im Geist des heiligen Franziskus, dem entsprechend Liebe zum Kreuz und Leben aus dem Kreuz, daraus erwachsend Dienst an jeglicher Not: das sind die einfachen, konsequenten und zugleich umfassenden Grundzüge des Programms der Ingenbohler Kreuzschwestern. Es sei hier nochmals an die uns bekannte Formel erinnert: „Ganz dem Gekreuzigten und darum ganz dem Nächsten, der Liebe Christi Stellvertreterin."

Fastenpredigten, die Pater Theodosius 1858 im Freiburger Münster hielt, eröffneten seinen Ideen und damit auch den Kreuzschwestern den Weg in das Erzbistum Freiburg. Noch kurz vor ihrem Tod erkannte Mutter Maria Theresia Scherer, daß in Hegne bei Radolfzell am Bodensee die Stelle für ein neues Provinzhaus der Genossenschaft vorgesehen sei, und vier Jahre nach ihrem Tod, 1892, wurde dieses Provinzhaus in Hegne denn auch Wirklichkeit. Hier nun trat Franziska Nisch also ins Kloster ein, hier sollte sie auch ihr kurzes und doch reiches Leben vollenden. Es war ein Leben in äußerster franziskanischer Schlichtheit, in leidenschaftlicher und abgründiger Verbundenheit mit dem Kreuz, in stillem Dienst an allen und gerade an den Ärmsten. Wir verstehen besser, wie solch stiller Dienst die bergende Fülle und zugleich die reife Frucht ihrer Gottverbundenheit durch das Kreuz wurde und blieb. Persönliche Berufung und Grundberufung des Ordens verbinden sich.

Das Provinzhaus der barmherzigen Schwestern vom heiligen Kreuz Hegne am Bodensee

Welches sind nun die Stationen des Weges, den im Lebensraum der Kreuzschwestern Ulrika Nisch zurücklegt?

Nach ihrem Eintritt am 17. Oktober 1904 verbleibt die Kandidatin für ein halbes Jahr im Provinzhaus zu Hegne, wo sie in die Grundzüge des Klosterlebens eingeführt wird und bereits jenen Dienst übernimmt, der dann auch an allen folgenden Orten ihr Anteil ist: Mithilfe in der Küche. Hier ist ihre Vorgesetzte Schwester Adama Fluck, die nicht mit Hinweisen und Verweisen gegenüber ihren Mitarbeiterinnen spart, dennoch die Wesensart von Franziska schätzt.

Dem Brauch ihrer Kongregation gemäß, folgt für Franziska von Mai 1905 bis April 1906 ein Jahr weiterer Bewährung außerhalb des Provinzhauses. Sie wird in die Schwesternstation Zell-Weierbach bei Offenburg geschickt und ist dort den drei recht angeforderten und erschöpften Schwestern willkommene Hilfe. Sie übernimmt den bislang von der Oberin mit Mühe versehenen Küchendienst zur Freude und zum Wohl aller, springt aber auch bei den Arbeiten im Haus ein, die vor dem Umzug in ein neues Schwesternhaus reichlich anstehen, und hilft ebenso bei der Pflege der Hauskranken mit, denen bald die besondere Liebe der jungen Kandidation auffällt.

Im April 1906 kehrt Franziska nach Hegne ins Provinzhaus zurück und bereitet sich auf die Einkleidung am 24. April 1906 vor. Sie erhält mit dem Ordenskleid den Ordensnamen Ulrika. Das Noviziatsjahr dient der Vertiefung und Festigung im Ordensleben; als Dienst wird Schwester Ulrika aufs neue die Mithilfe in der Küche unter Schwester Adama zugewiesen. Es ist ein recht schwerer und auch physisch anspruchsvoller Dienst. Hier beginnt bereits das Kopfweh Dauerbegleiter von Schwester Ulrika zu werden. Ihre Verankerung in Glaube und Gebet macht sie zum ausgleichenden und ausstrahlenden „ruhenden Pol" unter ihren Mitarbeiterinnen und Mitnovizinnen.

Genau nach einem Jahr, am 24. April 1907, legt Schwester Ulrika ihre Profeß ab, die das Ja zum Leben in Gehorsam, Armut und Keuschheit gemäß der Regel des Dritten Ordens des heiligen Franziskus nach Anweisung der Konstitutionen der Barmherzigen Schwestern vom Heiligen Kreuz besiegelt. Die Angehörigen von Schwester Ulrika nehmen an der Feier teil, aber sie erfahren, daß die ganze Liebe und Freude Ulrikas sich auf einen anderen, auf den Herrn konzentriert.

Unmittelbar nach der Profeß gilt es für Schwester Ulrika, an eine neue Stelle aufzubrechen; sie soll im kleinen Spital in Bühl (Baden) innerhalb einer sieben Schwestern zählenden Kommunität die Verantwortung für die Küche wahrnehmen, die täglich 40 Personen zu versorgen hat. Die heimlich beherrschende Figur in dieser Küche ist freilich schon seit langem nicht die Küchenschwester, sondern die seit 30 Jahren hier dienende zweite Kraft, ein Fräulein Zäzilia Vollmer, die überaus fleißig und tüchtig, aber eben bestimmend ihren Posten versieht. Zum Erstaunen der anderen kommt es nicht zu den gewohnten Spannungen zwischen der

Küchenschwester und Zäzilia, sondern zu einem gut verträglichen Miteinander.

Das Bedauern ist groß, als im Herbst 1908 bereits eine neuerliche Versetzung von Schwester Ulrika ansteht: ins große St.-Vinzentius-Haus im nahen Baden-Baden. Hier wirkt Schwester Ulrika erneut als zweite Küchenschwester, bis im Frühjahr 1912 ihre Todeskrankheit ausbricht und sie im Juli desselben Jahres nach Hegne zurückkehrt, wo sie am 8. Mai 1913 stirbt.

Das Arbeitspensum in einer Küche, die für 200 Esser zu sorgen hat, in einem Komplex, der Kinderheim, Mädchenheim, Alters- und Pflegeheim verbindet, ist begreiflicherweise groß. Mit Tapferkeit besteht Schwester Ulrika hier ihren Dienst, der nicht nur durch die äußeren Umstände, sondern auch durch ihre gesundheitliche Verfassung erschwert wird – zum beständigen Kopfweh kommt ein Dauerkatarrh, der am Aschermittwoch 1910 eine Oberkieferoperation notwendig macht, hinzu. Eine weitere „Belastung": Die Leidenschaft des ganz im verborgenen immer dichter und tiefer werdenden Lebens mit Gott zehrt bis ins Leibhaftige hinein an den Kräften von Schwester Ulrika.

Zwei Mitschwestern wirken nachhaltig ein auf die Situation des stillen Dienstes von Schwester Ulrika in Baden-Baden. Es ist zum einen Schwester Bonaventura Engel, zunächst Verbindungsschwester zur schwer erkrankten Oberin, dann ab 1909 selbst Oberin des St.-Vinzentius-Hauses. Sie ist eine gebildete und bestimmende, souverän den großen Betrieb leitende Frau, die zunächst zu einem so einfachen und unauffälligen Menschen wie Schwester Ulrika eher in Distanz steht. Und doch entwickelt Schwester Bonaventura, durch die Situation herausgefordert, eine hohe geistliche Sensibilität, die sie zur Begleiterin von Schwester Ulrika in den höchsten und schwierigsten Strecken ihres inneren Weges werden läßt. Sozusagen ihr Gegenbild ist Schwester Augusta, die erste Küchenschwester. Sie hat eine tiefe Enttäuschung ihrer Jugend offenbar nicht verarbeiten können und bringt in ihr Klosterleben eine Spannung mit, die sie gegen die anderen rauh und derb erscheinen läßt. Ihre Mitarbeiterinnen und nicht zuletzt Schwester Ulrika haben unter ihr zu leiden. Es gelingt Ulrika, aus ihrem Verbundensein mit dem Gekreuzigten die Lasten, die ihr die Eigenart ihrer Mitschwester auferlegt, zu verwandeln, und zum Erstaunen aller ist Schwester Augusta, als sie hernach eine andere Stelle antritt und dort als Krankenschwester wirkt, selbst wie verwandelt.

Schwester Ulrika wird geliebt von den Mädchen und jungen Frauen, die in der Küche mithelfen und dort z. T. ihre hauswirtschaftlichen Kenntnisse vor einer Familiengründung erweitern wollen. Geistlich und menschlich nimmt sie sich ihrer an, und die innere Glaubwürdigkeit ihrer Persönlichkeit strahlt auf sie aus. Hervorzuheben ist unter ihnen Augusta Wittmann, genannt Gusti. Tötung ihres eigenen Kindes, Haft im Bruchsaler Zuchthaus, hernach Verlust ihres einen Auges: das ist ihre drückende Vorgeschichte. Schwester Ulrika erkennt: Hier ist die ganze Liebe *zum* Herrn, ja die ganze Liebe *des* Herrn gefordert. Aus der Begegnung der beiden erwächst für Gusti ein neuer Anfang und eine glückliche Zukunft.

Von allen Stationen dieses Weges sind uns viele kleine Begebenheiten überliefert, die dem Stichwort „stiller Dienst" Farbe verleihen. Und doch sind es immer wieder dieselben Grundzüge, die den Dienst von Schwester Ulrika kennzeichnen.

Ein Schlüssel ist wohl die Antwort, die sie beim Ordenseintritt 1904 in Hegne gibt, als man sie fragt, was für einen Dienst sie sich wünsche. Sie erbittet einen solchen, bei dem es möglich ist, viele Opfer zu bringen. Die Liebe zum Herrn, der für uns das Kreuz trägt und dem unsere Liebe antworten will, die Liebe auch zu denen, die ihm besonders nahe sind – und das sind jene Fernsten, für die es, in Solidarität mit der Haltung Jesu, einzustehen gilt – bestimmen von Anfang an den Blickwinkel des Dienstes, ja der klösterlichen Existenz von Schwester Ulrika. So wird verständlich, daß sie nach einer schweren Demütigung durch eine Mitschwester gesteht: „Solche Ereignisse sind für mich Festtage."

Ungezählte Male betont sie angesichts von Überforderung, ungerechter Behandlung, falscher Anschuldigung: „Dem Heiland zulieb; für den Heiland kann man alles."

So durchdringt der „kontemplative" Ansatz des Lebens für Gott allein, des Schauens auf Gott allein auch ihren Dienst am Nächsten und ihre Arbeit. Dabei übergeht und übersieht Ulrika keineswegs den Nächsten in sich selbst; der kontemplativ auf den Herrn allein gerichtete Blick schaut nicht am

Nächsten vorbei, sondern um so tiefer in ihn hinein. Ulrika hat es schriftlich als ihren Vorsatz formuliert: „Ich will eine Liebe gegen alle haben, die allen alles wird und alle erbaut."

Diese Liebe drängt Ulrika, ihre Nächsten, ihre Mitarbeiterinnen, ihre Verwandten, denen sie schreibt, auf den Weg eines Lebens für den Herrn allein zu führen. Sie spricht aus einer inneren Geborgenheit und Ruhe, die sie anderen mitteilen möchte; sie hat ein Geheimnis ihres Lebens gefunden, von dem sie weiß, es ist Geheimnis des Lebens auch für andere. Die neue Einstellung zu den Schwierigkeiten und Dunkelheiten des Lebens, die neue Sicht der Verhältnisse, wenn man Gott allein sucht, das ist der Schatz, den sie austeilen möchte. Sie tut es ohne Aufdringlichkeit, aber in steter Wachsamkeit.

Eine Besiegelung ihres „kontemplativen Dienens" ist die Gelassenheit, ja Heiterkeit, die von ihr ausgehen. Am Anfang ihrer Baden-Badener Zeit meint Oberin Bonaventura gar, Schwester Ulrika nehme die Dinge zu leicht, sie nennt sie „Schwester Leichtfuß". Erst später entdeckt sie, aus welcher inneren Tiefe die gleichmütige Einstellung Ulrikas erwächst. Ein Zeichen der Freiheit von sich selbst: Ulrika steckt zwar ohne Zögern Strafen und Tadel für Fehler ein, die andere begingen, sie bleibt aber keineswegs an ihren eigenen Fehlern und an Vorwürfen haften, die man ihr macht: „Es ist nicht so schlimm!", so hört man sie immer wieder sagen, wenn man sie um einer Kritik oder eines Tadels willen bemitleiden möchte. Ein besonders köstliches Zeugnis ihrer Gelassenheit: Als Schwester Ulrika einmal die Suppe anbrennen läßt und die andern es bemerken, meint sie: „Aber es macht nichts: Die Schwestern haben so Gelegenheit für eine Abtötung, und ich für eine Verdemütigung. So wird der Heiland mit allen zufrieden sein."

Gelassenheit, Abstand von sich selbst gehören so zur unverwechselbaren Eigenart, wie Schwester Ulrika ihren Dienst versteht. Doch auch die Freude, der Humor sind ihr nicht Selbstzweck. Sie beteiligt sich, auch mit recht munteren Beiträgen, an Fest, Feier, heiterem und geselligem Leben in der Schwesterngemeinschaft; doch fällt öfters auf, daß sie es aus einer anderen Welt heraus tut, in bewußter Zuwendung zu den anderen und Einfügung ins Ganze, auch wenn ihr eigenes Herz deutlich in die Stille und Tiefe gezogen wird.

Stiller Dienst – dies findet seine Vollendung in der Zeit der letzten Krankheit von Schwester Ulrika. Sie selber verwendet alle Kräfte, die ihr bleiben, darauf, sich um die anderen Kranken zu kümmern, und verzichtet auf Zuwendung, damit andere sie als helfenden Dienst erfahren. Dies ist die buchstäblich letzte Geste ihres Lebens: Ulrika stirbt, während auf ihre Bitte hin die sorgende Schwester sie verläßt, um einer anderen beizustehen.

Der stille Dienst hat eine Innenseite. Er wächst aus dem beständigen Hinblick auf Gott, aus dem ununterbrochenen Leben mit ihm.

Die Verbindung mit Gott selber aber ist – das wird an Ulrika deutlich – Geschenk, Gnade, Tat Gottes und nicht des Menschen. Nichtsdestoweniger setzt sich diese Gnade, dieses Wirken Gottes im Menschen nur durch, indem der Mensch sich auf Gott einläßt und Augenblick um Augenblick, stets tiefer und radikaler, Antwort wird. Die geistliche Disziplin, das tägliche Mühen, das aber gerade nicht auf sich selber fixiert, sondern Vorgang beständiger Öffnung ist, bildet den inneren Lebensrhythmus von Schwester Ulrika. Sie gibt uns selber im Brief an eine Mitschwester Einblick in diesen Lebensrhythmus: „Vor allem müssen wir um eine große Erkenntnis bitten. Und diese erlangen wir am schnellsten durch Bewachung unserer selbst, unserer Gedanken, Worte und Handlungen. Verrichten wir sie in Gottes Gegenwart und zu seiner Ehre. Dieses verlangt Anstrengung, und diese Anstrengung wird allmählich übergehen in eine Fertigkeit und Gewohnheit, und es wird uns leicht und angenehm werden, immer an Gott zu denken und gesammelt zu sein. Wir erwecken Akte, ohne es zu wollen, der Geist ist mit Gott vereinigt, und die Arbeit ist geheiligt durch den Verkehr mit Gott. So steigen wir von Stufe zu Stufe, und unser größter Trost wird sein, für Gott und Seine Ehre zu leiden."

Immer wieder sind Menschen frappiert, wenn sie

Schwester Ulrika beten sahen. Wie macht sie das? Wie ist sie so gesammelt? Ihre einfache Antwort: „Man muß die Läden schließen." Gottes Licht ist in uns, aber es kann nur in dem Maß stark werden, in welchem wir uns gegen die anderen Lichter schützen. Oder, um in unser leitendes Bild von der Stimme zurückzukehren: Gottes leise Stimme wird nicht hörbar, wenn nicht wir und wenn nicht die vielen Stimmen in uns und um uns zum Schweigen kommen.

Die Läden schließen, still werden – daran wird anschaulich, wie Gottes alleiniges Handeln, Gottes alles wirkende Gnade nicht im Gegensatz stehen zu unserem eigenen Beitrag, zu unserem eigenen Mühen. Es ist nicht so, daß die Einung mit Gott zur Hälfte oder auch zu 99% von Gott gewirkt wird und zur anderen Hälfte oder doch zu 1% von uns, sondern alles ist Gottes – wir aber halten seinem Alles unser Nichts hin, räumen uns aus vom Selbersein, unsere „Leistung" ist gerade das Schweigen, das „Nicht". Wir verstehen, weshalb als die Grundtugend von Schwester Ulrika von jenen, die sie tiefer kannten, die Demut bezeichnet wurde. Demut ist jenes Stillwerden, jene Zurücknahme des eigenen Ich, in denen Gott groß sein und sich entfalten kann.

Wir wollen nachdenken über den inneren Weg von Schwester Ulrika Nisch. Was wir bislang ausführten, gilt von jeder seiner Stationen. Und in der Tat, dieser Weg hält sich stets im selben Raum, er umkreist stets dieselbe Mitte. Und doch ist es ein Weg. Nicht die Inhalte ihres geistlichen Lebens und ihrer geistlichen Bemühung wandeln sich, aber diese Inhalte greifen in sich wandelnder Form und Dichte ein in die Existenz und in das Wesen von Schwester Ulrika.

Schon in ihrer Kindheit zieht es Franziska zur Kirche, zu den stillen Stätten des Gebets. Ohne daß über die Verbundenheit mit Gott geredet wird, ist sie einfach da. Und im Dienst, den Franziska in den Familien und an den Kindern ihrer Dienstherrn übt, spielt die Hinführung zum Gebet eine erhebliche Rolle. Dann aber, in der Krankheit des Jahres 1904, erhält diese Gottverbundenheit eine neue Qualität. Familie Morger nimmt wahr, daß sich da etwas gewandelt hat; ein Zugehören Franziskas zu Gott wird spürbar, das sie aus den bisherigen menschlichen Bindungen heraushebt. Es fällt das Wort, Franziska sei „absorbiert" von Gott.

In der Zeit zwischen Klostereintritt und Profeß treten bereits drei Eigentümlichkeiten am inneren Leben der jungen Kandidatin und Novizin zutage. Ihre Gebetshaltung zeigt einen hohen Grad an Sammlung, so daß eine Mitnovizin staunt: „Die kann schon betrachten, wir müssen es erst lernen." Zum andern bemerkt man: für Ulrika ist der Ruf zur Gebetszeit nicht ein Ruf zur Pflicht, sondern ein Ruf an ihren eigentlichen Lebens-Ort. Schließlich sind ihr Arbeit und Umgang mit anderen von Anfang an Einladung, alles dem Herrn zu schenken, in allem einen Weg der Hingabe an ihn und der Verbindung mit ihm zu entdecken.

In den folgenden Klosterjahren, zumal in der Baden-Badener Zeit, wächst die Kraft der Versenkung in Gott bei Schwester Ulrika zur schier verzehrenden Übermacht. Wiederum drei Kennzeichen hierfür: Es fällt Schwester Ulrika zunehmend schwer, vorformulierte Gebete zu vollziehen – wie etwa das Brevier oder die damals gebräuchlichen Meßandachten. Ihr Beten wird ein unmittelbares Sprechen mit dem Herrn, ein einfaches Wohnen in Ihm. Zum zweiten wird diese Gottverbundenheit so stark, daß im Gebet die Außenwelt für Schwester Ulrika wie verschwindet und sie sich nicht selten einen Ruck geben muß, um sich wiederum auf die Alltagswirklichkeit einzustellen. Zum dritten aber kann – vom Sonnenuntergang bis zum ausdrücklichen Sprechen über Gott – alles für Schwester Ulrika zum Anlaß werden, der sie hineinreißt in die innere Tiefe der Gottbegegnung.

So ungewöhnlich dieses Eingetauchtsein in die Wirklichkeit Gottes mit der ganzen, auch äußeren Existenz ist, so wenig erweckt es doch nach außen hin Aufsehen. Schwester Ulrika tut alles, um das Ungewöhnliche zu verbergen und sich in peinlicher Zuverlässigkeit in das Leben der Kommunität einzuordnen.

Kennzeichnend ist die Reaktion der Baden-Badener Oberin Schwester Bonaventura, als am 15. August 1910 der Franziskanerpater Hermann Nelz bei ihr auftaucht und sie fragt, ob sie wisse, daß es unter den Kreuzschwestern eine gebe, die mit ihrem Gebet mehr erlange bei Gott als alle anderen zusammen. Sie kommt nicht im entferntesten auf den Gedanken, es könne sich hier um Schwester Ulrika Nisch handeln. Die Vorgeschichte zu dieser merkwürdigen Frage und dem überraschenden Besuch: Pater Hermann hatte im Frühjahr im Provinzhaus zu Hegne Exerzitien gegeben, die eine reiche Resonanz fanden und an denen auch Schwester Ulrika teilgenommen hatte. Dabei war es zu einem seelsorglichen Gespräch der beiden gekommen; Schwester Ulrika hatte zuvor keine Gelegenheit, das einem geistlichen Begleiter anzuvertrauen, was ihr auf der Seele brannte.

Pater Hermann spricht nun in seiner Unterredung mit Schwester Bonaventura den Namen von Schwester Ulrika aus, und diese wird herbeizitiert. Im Gehorsam wird sie verpflichtet, über ihr inneres Leben Aufzeichnungen zu machen und sie Schwester Bonaventura anzuvertrauen. Diese hält auch Kontakt mit Pater Hermann, der nur noch ein einziges Mal, am 15. Oktober 1910, Baden-Baden besuchen und mit Schwester Ulrika sprechen kann. Schwester Bonaventura öffnen sich in diesem neuen Umgang mit Schwester Ulrika die Augen, und sie vermag ihr einen wichtigen Dienst zu leisten. Der Klugheit und Weitsicht von Pater Hermann ist entscheidend zu danken, daß die Gebetsgnaden von Schwester Ulrika nicht in der Verborgenheit versickert sind, sondern der Kirche eröffnet wurden.

Der Weg des geistlichen Lebens von Schwester Ulrika wird durch einen eigentümlichen, wenn auch nur scheinbaren Gegensatz bestimmt. Zwei markante Punkte machen diesen sichtbar.

Schwester Ulrika spricht so selbstverständlich von ihrem Schutzengel, daß Schwester Bonaventura sich dessen versichert, ob sie in der Tat ihren Schutzengel sehe. Schwester Ulrika ist über die Frage höchst erstaunt, da sie seit Kindstagen ihren Schutzengel immer neben sich gewahrte und der Meinung war, alle, auch Schwester Bonaventura, sähen je ihren Engel. Wie wir aus den Aufzeichnungen Ulrikas für Schwester Bonaventura wissen, ist ihr Gebetsleben erfüllt von Schauungen Jesu, Mariens, der Engel und Heiligen.

Zugleich aber konzentriert sich das geistliche Leben von Schwester Ulrika auf das Wesentliche, es ragt über alles Sinnenhafte, Bildhafte hinaus, ist einfaches Dasein im einfachen Dasein des Herrn. Die Bilder zerschmelzen, nur Er bleibt. Das vielleicht stärkste Zeugnis: Als man sie während ihrer tödlichen Krankheit fragt, womit sie sich beschäftige, antwortet sie: „Mit den Eigenschaften Gottes. Am liebsten betrachte ich die Einfachheit Gottes."

Tiefer betrachtet, besteht kein Gegensatz zwischen der bildhaften Fülle und der Rücknahme aller Bilder in die einfache übermächtige Gegenwart Gottes. Leo der Große spricht davon, daß genau das, was am Geheimnis Gottes ihn am Reden hindere, ihm auch zu schweigen verbiete. Gott ist zu groß, als daß wir von ihm sprechen, er ist zu wirklich, als daß wir von ihm schweigen könnten. Und wo Gott selber die Initiative ergreift und sich in einem Menschenleben eröffnet, da sind seine beiden Wege die Fülle der Bilder und das Verlöschen der Bilder im reinen, überbildhaften Licht. Bei Schwester Ulrika gehören beide Dimensionen zusammen im einen Ereignis der bräutlichen Liebe zu Jesus, die als die Mitte und Höhe ihres geistlichen Lebens betrachtet werden darf. Die Bereitung des Herzens, dessen letzte Makel und Schatten im Licht der Gegenwart des Herrn sichtbar werden, die immer tiefere Gleichförmigkeit mit der die ganze Welt umfangenden und zumal den Sündern zugewandten Liebe Jesu, die ganze Geborgenheit in Ihm und die ganze Leidenschaft aus Ihm für die anderen kennzeichnen ihren Weg zur Verlobung mit Jesus, die für sie Tag und Stunde hat und sich ausdrückt in einem Ring, den sie fortan an ihrer Hand sieht.

Die Verlobung mit dem Herrn ist indessen gerade nicht der glückliche und friedliche Schlußpunkt des inneren Weges von Schwester Ulrika. Ihr göttlicher Bräutigam offenbart ihr, daß sie noch eine schwere Zeit der Prüfungen vor sich habe. Und in der Tat folgen nun die härtesten Zeiten für Schwester Ulrika: Erfahrung der Gottverlassenheit, Zweifel an der Echtheit ihrer Gebetsgnaden, Angst vor dem eigenen Stolz, Trockenheit und Leere ohne Trost. Aber gerade das hat sie erwählt, gerade hier ist sie dem ganz nahe, der für sie alles, auch seine Verbindung mit dem Vater, am Kreuz hingegeben hat. Stunden des Trostes, Zeichen der Begnadung fehlen nicht. Doch der Grundton des inneren Lebens wird in einem neuen Sinn still und herb. Eine letzte Reife setzt ein, die sich im Leiden und Sterben vollenden wird.

5. *Kreuz- und Osterweg*

Ulrika Nisch ist wahrhaft eine Kreuz-Schwester. Hineingeboren in eine innerlich und äußerlich notvolle Situation empfängt sie in der Taufe einen Namen, der sie mit dem heiligen Franz, dem vom Kreuz und seiner Liebe Gezeichneten, verbindet. In ihrem Klosternamen erhält sie den Namen ihres leibhaftigen Vaters als Auftrag, das Leben der anderen, ihre Geschichte und deren Last, mitzutragen. Ihr ganzes Leben im Kloster wird ein Leben für ..., eine beständige Hingabe und Fürbitte, die dem Sinn und Maß der Liebe des Gekreuzigten, seiner Stellvertretung für andere entspricht. Ihre Berufung zum Ordensleben, und zwar als Kreuzschwester, empfängt sie in der Zeit einer schweren Erkrankung. Die Arbeitslast, die sie als Schwester an allen Stellen ihres Einsatzes zu bewältigen hat, wird bereits früh und dann immer mehr begleitet von Schmerzen und Leiden. Der beständige Rhythmus ihres Lebens wird das Weggeben, das Durchstoßen in die Hingabe: „Dem Heiland zulieb!" Bei der Kieferoperation 1910 stehen die anderen vor einem Rätsel: Wie kann sie die Schmerzen ausgehalten haben, die ihr die Vereiterung ihres ganzen Kiefers hatte bereiten müssen?

Was in der Krankheit begonnen hat, soll in der Krankheit vollendet werden. Im Frühjahr 1912, als die Stimme immer schwächer wird und endlich eine ärztliche Untersuchung erfolgt, lautet deren Ergebnis: Lungen- und Kehlkopftuberkulose. Es fällt Schwester Ulrika schwer, nun die Arbeit, das dienende Wirken für die Nächsten, die strenge Disziplin ihrer Zeiteinteilung zu lassen, im Garten zu liegen, sich von den anderen helfen zu lassen, den anderen zusätzliche Last aufzubürden. Schwester Bonaventura möchte sie, solange es eben geht, in Baden-Baden halten; doch die Krankheit schreitet so voran, daß im Juli 1912 nichts anderes übrig bleibt als die Rückkehr ins Provinzhaus, nach Hegne.

Der Ausbruch der Krankheit verschränkt sich – wir sahen es bereits – mit einer Epoche der inneren Dunkelheit, des Anteils an der Gottesverlassenheit Jesus am Kreuz.

Wo Gott sich einläßt in die endlichen Maße unseres Daseins, da wird nicht nur die höchste Seligkeit vom Menschen erfahren, der erkennt: Auf dich hin bin ich erschaffen, in dir allein komme ich zur Ruhe und Erfüllung! Auch das andere wird offenbar: Der mich da erfüllt, ist zu groß für mich, der Unendliche geht nicht nahtlos und harmlos ein in meine Endlichkeit, sie droht zu zerspringen. Die Überfülle des Lichtes wird zur Dunkelheit. Und schließlich: wie kann dieser Gott sich überhaupt uns selber geben? Nur indem er uns mit all unserer Sünden- und Todeslast in sich selber hineinnimmt, im Kreuzesleiden, ja in der Gottverlassenheit seines Sohnes. Und wo wir dieser seiner Liebe begegnen, da werden wir in ihren eigenen Weg hineingerissen.

Prägnant beschreibt Schwester Ulrika selbst die Not, die mit ihrer Gottseligkeit verbunden ist und die als Epoche schwerer Prüfung nach der Verlobung mit dem Herrn über sie hereinbricht: „Oft plagt mich der Gedanke, es sei alles nichts als Einbildung und Phantasie. Ein andermal ist wieder der Stolz, daß ich bevorzugt sei. Wieder ein anderes Mal kommt es wieder so, daß ich in Tränen zerfließen möchte, ich sei nicht würdig, diese Gnaden zu erhalten, es hätte einem anderen besser gehört. Dann sagte der böse Feind, immer hätte ich nur diese Gedanken und die Pflicht würde vernachlässigt." Was zunächst nur als Anfechtung inmitten des Stromes der Gnaden erschien, wird nun, Anfang 1912, sozusagen zum Dauerzustand. Nicht mehr beten können, die Kapelle fliehen wollen, ausgeliefert sein an den bedrängenden Gedanken, daß die Wirklichkeiten des Glaubens nur Vorspiegelung seien, dies muß Schwester Ulrika aushalten. Sie tut es in einer äußersten Treue, in einem blinden Weitergehen auf dem Weg der Liebe. Und so kann sie auch in dieser innersten Dunkelheit noch Licht und Trost für andere ausstrahlen. Es fehlt nicht an Zeichen, daß auch in diesem Zustand sie durchdrungen und gehalten wird von der Liebe des Bräutigams, der sie indessen hineinzieht in sein innerstes Geheimnis, in die innerste Gestalt seiner eigenen Liebe zu uns.

Die Zeit in Hegne ist zum einen verbunden mit einer neuen inneren Prüfung, zum andern aber auch erfüllt mit einer neuen Zuversicht. Die neue Prüfung: Es ist Schwester Ulrika nun nicht mehr möglich, den Kontakt mit Schwester Bonaventura und so indirekt mit Pater Hermann fortzusetzen. Sie hat jetzt buchstäblich niemanden mehr, mit dem sie über das, was sie belastet und erfüllt, sich austauschen könnte.

Ein Brief an Schwester Bonaventura spricht eindringlich von dieser Lage: „Der liebe Gott hat seine weisen Absichten und das hab ich auch schon gemerkt, denn er will mich von allem los haben und will mich noch stärker machen. Jetzt muß ich eben jeden Trost entbehren, den göttlichen und menschlichen. Und das ist manchmal sehr hart; wenn man es nicht mehr hat, schätzt man es. Trotzdem ich ja nichts anderes wünsche als Gott zu lieben auch im größten Kreuz und in jeder Lage, wie er die Absicht hat mich weiter zu führen auf dornigem Weg. Denn ich fühle wohl, daß ich noch lange nicht bin, wie ich sein sollte und auch wünsche. Da ich jetzt nun ganz allein bin, so sage ich einfach, du mußt mir alles sagen, was recht und unrecht ist, mußt mich in die Schule nehmen und lernen (=lehren) ganz mir absterben, um zu leben wie du gelebt hast."

Wir berühren in diesen Zeilen allerdings auch bereits jenen anderen Pol, der Ulrikas letzte Hegner Zeit innerlich bestimmt: die schrecklichen inneren Dunkelheiten nehmen ab; die in Baden-Baden mitunter furchtbaren buchstäblich teuflischen Quälereien, die über ihre Seele hereinbrachen, verschwinden, es wächst ein stilles inneres Licht. Wir lesen im bereits zitierten Brief an Schwester Bonaventura: „... es ist gewiß, daß ich, wenn ich Licht habe, mehr erleuchtet werde als vorher und auch stärker bin." Auch schreibt Schwester Ulrika in einem Brief an Schwester Bonaventura Ende 1912:

„Ich denke manchmal an das, was wir durchgemacht haben, von dem niemand eine Ahnung hatte. Jetzt ist alles vorüber." Immer wieder betont Schwester Ulrika, daß sie sich freue, daß es nun dem Himmel zugehe, und ermuntert auch die anderen Kranken, doch diese Sicht der Dinge sich zu eigen zu machen.

Ihren Verwandten gegenüber, die sie besuchen, bemerkt sie: „Ich sterbe gern. Sterben ist schön." Andere Aussagen aus dieser Epoche: „Ich heiße die feierliche Stunde des Todes willkommen, wenn möglich schon heute." „Ich möchte sterben, verzehrt vom brennenden Durst, das Angesicht meines Jesus zu sehen."

Wir wissen freilich aus diesen letzten Monaten vor ihrem Tod von Schwester Ulrikas innerem Leben weniger als aus der Baden-Badener Zeit, da mit dem Weggang nach Hegne die für Schwester Bonaventura bestimmten Aufzeichnungen nicht weitergeführt werden. Also noch mehr: leise Stimme.

Schon in Baden-Baden wehrt Ulrika, von einer Mitschwester auf ihr inneres Leben angesprochen, ab: „Meine Aufgabe ist zu schweigen." Und derselben Schwester sagt sie angesichts des Todes: „Der liebe Gott will, ich soll sterben, wie ich gelebt habe. Er wird tun, was ihm wohlgefällt zu seiner Zeit." Die letzte Weggabe an die „Stunde des Vaters", das Hingeben auch des in ihr wirkenden Geistes Gottes mit Jesus in die Hände des Vaters (vgl. Joh 19,30) gehört zur Kreuzesgestalt des Lebens und Sterbens von Schwester Ulrika.

Können wir so auch nur in leisen, wenn auch

eindeutigen Spuren das entziffern, was sich in der Geschichte zwischen dem Herrn und der Seele von Schwester Ulrika in der Vorbereitungszeit auf ihren Tod abspielte, so gibt es doch eine andere Richtung – aber ist es in der Tat eine andere? –, in welcher die leise Stimme während dieses letzten Lebensjahres recht vernehmlich spricht. Wir können sagen: Es ist ein Jahr der Liebe zu den anderen.

In den ersten Monaten kann Schwester Ulrika noch die Kapelle besuchen und am Gemeinschaftsleben teilnehmen. Doch schon hier lenkt sie die Aufmerksamkeit der Mitschwestern von sich ab, will, daß man den anderen dient und versucht, so gut es nur geht, diesen zu Hilfe zu kommen. Sie wählt in der Kapelle den Platz neben jenen Schwestern, die durch Husten und Gebrechen den Nachbarn beim Beten unangenehm oder störend werden könnten, sie nimmt sich um jene an, denen zu dienen für andere am meisten anstrengend wäre. Und dies setzt sich auch dann fort, als die Todeskrankeit weiter fortschreitet und sie ganz ans Bett fesselt. Als am 8. Mai 1913, dem Oktavtag von Christi Himmelfahrt, eine Schwester nach ihr schaut, um ihr zu helfen, bittet sie diese, doch zu einer anderen Schwester zu gehen, der es im Augenblick schlechter gehe. Während dies geschieht, stirbt allein und unbemerkt Schwester Ulrika. Daß die gleichzeitig schwer erkrankte Provinzoberin Schwester Konrada Bilger kurz hernach wieder gesund wird, schreibt man im Kloster Hegne Schwester Ulrika zu. Eine Mitschwester hat sie sagen hören: „Ich gehe jetzt zum lieben Gott und werde sehen, ob es mir gelingt, die Heilung der Frau Mutter zu erlangen."

Der Beerdigungstag von Schwester Ulrika Nisch ist der Pfingstsonntag 1913. Anfänglich leise, aber dann immer dichter und immer weiter beginnt der Geist zu leuchten, zu wirken und auf Schwester Ulrika aufmerksam zu machen, der sich so leise und doch so stark in ihr kundgetan hat. Der Kreuzweg führt weiter zu Ostern und Pfingsten hin.

3. Kapitel: Die Gestalt

Wer ist nun diese Schwester Ulrika Nisch? Wie läßt sich ihre Gestalt umreißen? Was ist das Besondere, Einmalige an ihr?

Wir haben versucht, ihren Lebensweg mitzugehen. Was hat uns dabei betroffen gemacht? Alles, was wir hier benennen könnten, kommt auch in anderen Gestalten geistlichen Lebens vor. Es ist, als ob sie auch uns nochmals jene Antwort gäbe, die sie einer in ihr Geheimnis drängenden Schwester gab: „Meine Aufgabe ist zu schweigen." Ja, gibt es überhaupt etwas Besonderes an ihr? Ist nicht alles „Eigene" bei ihr zurückgenommen, weggegeben? Leise Stimme, in der ein anderer sich uns mitteilt? Genau das ist ihr Geheimnis. Dann aber kehrt sich die Frage um. Es gilt, nicht nach *ihrer* Gestalt, sondern nach *Seiner* Gestalt in ihr zu fragen.

Damit aber deckt sich in Ulrika Nisch das Geheimnis heiliger Existenz überhaupt auf. Frag nicht nach mir, sondern frag nach Ihm; dann allein weißt du, wer ich bin! So sagt der Heilige mit seinem ganzen Dasein, wenn wir seine Gestalt, seine Persönlichkeit aufzuspüren suchen. Es läßt sich auch anders, mit Paulus ausdrücken: „Nicht mehr ich lebe, sondern Christus lebt in mir. Was ich noch zu leben habe in dieser Welt, das lebe ich im Glauben an den Sohn Gottes, der mich geliebt und sich für mich hingegeben hat." (Gal 2,20) Er ist zurückgenommen in ein Nichtsein („Nicht mehr ich lebe"). Dieses Nichtsein bedeutet aber: Er wird Gefäß, leer von sich, Raum für Christus („Christus lebt in mir"). Dieses Gefäß faßt das, was unendlich größer ist als er, den Herrn selbst. Und dieses Gefäß faßt den Herrn, indem es ihn gibt, ihn weiterschenkt. Nur von hier aus läßt sich eine andere Aussage des Paulus in ihrer ganzen Tiefe begreifen, eine Aussage, die das Innerste seines apostolischen Dienstes kennzeichnet und doch bei weitem das überschreitet, was er von sich aus vermag: Paulus will „allen alles" werden (vgl. 1 Kor 9,22). Wir werden erinnert an Schwester Ulrikas schriftlich gefaßten Vorsatz: „Ich will eine Liebe gegen alle haben, die allen alles wird und alle erbaut."

Leer sein für Gott, erfüllt sein von ihm, daraus aber Leidenschaft für alle, dasein für ...: dies ist immer und überall die Gestalt heiliger Menschen, ihrer Persönlichkeit, ihres Lebens und ihres Wirkens. Es ist in jedem heiligen Menschen derselbe Christus, dasselbe Evangelium, die da Gestalt gewinnen. Und doch können wir Christus und das Evangelium je neu in jedem einzelnen entdecken. Dies gilt auch von Ulrika Nisch. Schauen wir nur auf ihr Leben in sich, dann könnte seine Gestalt ins Allgemeine und Unscheinbare zerfließen. Blicken wir aber auf sie vom Herrn, von seinem Ruf und seinem Wort her, dann fügt sich das Ganze zur unverwechselbaren Gestalt.

1. *Spannung und Einheit der Berufung*

Wir stießen bei Ulrika Nisch auf die Unsicherheit, ob sie nicht noch mehr als für das Leben in tätigem Dienst innerhalb ihrer Genossenschaft für ein kontemplatives Leben in strenger Klausur geschaffen sei. Sie muß diese Schwierigkeit wiederholt wegschenken, aber gerade dies wird ihr zum Weg, um nur noch tiefer ja zu sagen zu dem Ort, der sich als der ihre erweist: zur Genossenschaft der Kreuzschwestern.

Mir scheint, diese Unsicherheit ist nicht eine bloße Versuchung, sondern in ihr bricht das Besondere am Ruf von Schwester Ulrika durch. Sie ist eine Kontemplative, sie ist hingezogen vom Herrn selbst in die stille Vereinigung mit ihm, ihr Platz ist tief innen. Aber sie soll dieses Innensein, diese Betrachtung gerade leben *als* Kreuzschwester, gerade leben *im* Dienst, der ihr hier zuwächst. Leben für den Herrn allein soll nicht nur der inneren Zielrichtung, sondern auch dem äußeren alltäglichen Anspruch nach von ihr im beständigen „Hinausgehen", in der beständigen Zuwendung zum Äußeren und Alltäglichen, im konkreten Liebesdienst gelebt werden.

So ist Ulrika Nisch durch ihre innere Unruhe um ihre Berufung nicht weniger, sondern – richtig verstanden – „mehr" Kreuzschwester geworden.

Man könnte sagen: die ganz persönliche Berufung von Schwester Ulrika und die gemeinsame Berufung der Kreuzschwestern erhellen und bereichern einander gegenseitig. In einzigartiger Klarheit tritt in Schwester Ulrika die kontemplative Quelle und Mitte der „tätigen" Berufung der Kreuzschwestern ans Licht. Diese Quelle und Mitte liegen nicht außerhalb der gemeinsamen Berufung, werden in Ulrika aber über das allgemeine Maß hinaus sichtbar. Umgekehrt ist die zweifellos kontemplative Grundberufung von Schwester Ulrika, also ihre Berufung zu einem Leben der Versenkung in Gott allein gerade dadurch geprägt, daß sich in ihrem Leben Kontemplation in der Aktion, im Dienst an den anderen, in der Hingabe für die anderen bewährt und vollendet. Die Unteilbarkeit und Untrennbarkeit von Gottesliebe und Nächstenliebe lassen immer kontemplative und aktive Berufung, Berufung zur Christusnachfolge im betenden Horchen und Schauen und zur Christusnachfolge im tätigen Dienen einander durchdringen und umfangen. Ich kann Gottesliebe nicht ohne Nächstenliebe, Nächstenliebe nicht ohne Gottesliebe haben. Aber es gibt eben verschiedene Gestalten, dieses Ineinander von Gottes- und Nächstenliebe, dieses gegenseitige Sich-Tragen von Längs- und Querbalken des Kreuzes zu leben. Wer sich im Dienst an den Armen um Christi willen verzehrt, der kann dies nur tun, weil er auf Christus hinschaut, im Blick auf Christus seinen Blick schärft, um ihn im Armen zu erkennen. Und wer wie Maria zu Füßen des Herrn sitzt und nichts anderes „tut" als sich seinem Wort zu öffnen (vgl. Lk 10,38–42), der öffnet sich dem Wort, das ihm die Leidenschaft für alle ins Herz legt, der entdeckt das Herz des Herrn, das sich für die andern und zumal für die Fernsten verblutet. Sein Leben ist nicht Flucht vor der Welt und ihrer Wirklichkeit, sondern Einstehen mit dem Herrn und beim Herrn für diese Welt. Christliche Kontemplation geht nicht ohne die Aktion der Stellvertretung, der Fürbitte, des sich darbringenden Mitleidens mit dem Herrn für die Vielen.

Schwester Ulrika steht nun im Kreuzungspunkt dieser beiden Grundformen christlicher Berufung. Auf der Suche nach dem „Lebenswort" von Schwester Ulrika legte sich mir außer dem Text über die leise Stimme aus der Elija-Geschichte die Szene aus dem Lukasevangelium vom 12jährigen Jesus im Tempel nahe (vgl. Lk 2,41–52). Er muß in dem sein, was seines Vaters ist, er ist „absorbiert" vom Vater. Aber gerade daraus erwächst ihm das Weitergehen, der Weg mit Maria und Josef, der ihn dann schließlich hineinführt in das Leben der Sendung für alle, in die Hingabe am Kreuz für alle. Das Sein in dem, was seines Vaters ist, wird für Jesus zum Sein in der Verborgenheit von Nazaret, zum Sein im Dienst an den Vielen, zum Sein im stellvertretenden Leiden für die Sünden der Welt am Kreuz.

Das Angezogensein, ja Aufgesogensein Ulrikas von Gott allein läßt sie je neu aufbrechen in das Leben der Kommunität und in den alltäglichen Dienst, bis in dieser Spannung sich endgültig das Kreuz als ihr Anteil durchsetzt und an ihm sich ihre Verbindung mit Gott und ihr Dasein für die andern vollendet.

Sich aufmachen aus der Verbindung mit Gott zum Dienst am Nächsten und zum Leben der Gemeinschaft, zugleich aber so in diesem Leben der

Gemeinschaft und Dienst für die anderen leben, daß darin das beständige Zwiegespräch mit dem Herrn sich vollendet, schließlich das Hergeben der Gebetsgnaden wie des Dienenkönnens und der vertrauten Gemeinschaft in die Gleichgestaltung mit dem Gekreuzigten: das sind die Richtungen, in denen die Berufung von Ulrika Nisch zugleich gelesen werden kann und muß.

Noch einmal scheint auf, wie genau ins Herz ihres Lebens und Rufes das Programm ihrer Genossenschaft trifft: „Ganz dem Gekreuzigten und darum ganz dem Nächsten, der Liebe Christi Stellvertreterin."

2. Gott allein

„Absorbiertsein von Gott" am Anfang ihrer Berufung – Vorliebe für die Betrachtung der „Einfachheit Gottes" am Ende ihres Weges: dieser Bogen umspannt das Ganze des geistlichen Lebens von Schwester Ulrika. Wo sie einen Raum entdeckt, in dem Gott ist, da wird sie mit unwiderstehlicher Gewalt in diesen Raum hineingezogen, nicht mehr sie verhält sich zu Gott, sondern Gott greift nach ihr, holt sie in sich hinein.

Dennoch ist der sichtbare Schwerpunkt ihres Lebens der „stille Dienst". Im Absorbiertwerden von Gott geschieht zugleich eine Gegenbewegung, und nur beide Bewegungen ergeben die Balance, das trotz aller Spannung ruhige Gleichgewicht ihres Lebens im ganzen. Den Gott, der sie ganz absorbiert,

absorbiert zugleich ihr Alltag, er wird zur Kraft, zur Mitte, zum allgegenwärtigen Thema ihrer klösterlichen Disziplin, ihrer dienenden Pflichterfüllung. Das Verweilen in der beständigen Gegenwart Gottes und umgekehrt das Hineingerissenwerden der ganzen Existenz in die anwesende göttliche Wirklichkeit bilden die Grundharmonie in Wesen und Leben von Schwester Ulrika Nisch. Sie ist in Gott, Gott ist in ihrem Alltag.

Was aber bestimmt den Übergang dieser beiden Weisen des Lebens mit Gott und in Gott? Woran entscheidet sich, ob sie sich dem Zug Gottes hinweg von allem eigenen Tun und Planen überläßt oder gerade um Gottes Willen in diese Welt des Tuns und Planens hineingeht und Gott in ihr findet? Es kann nichts anderes sein als Gott selbst. *Er* muß die Stunde entscheiden, *er* muß die Wegrichtung bestimmen. Er – das bedeutet konkret: sein Wille. Sein Wille aber erschließt sich ihr in der gelebten Treue zu ihrem Ruf. Eine Baden-Badener Mitschwester bemerkt: Während der heiligen Messe war Ulrika oft so tief eingetaucht in die Beschauung, daß sie nicht merkte, was um sie herum vorging, ja sogar beim Evangelium nicht aufstand. Aber auf eines reagierte sie immer und von selbst: auf das Klopfzeichen der Oberin, die angab, wann die Schwestern gemeinsam den Gottesraum verlassen und an ihre anderen Beschäftigungen gehen sollten. Was ihr den „Willen Gottes" markierte, das nahm Ulrika wahr, alle anderen Dinge waren wie ausgeschaltet.

Diese Haltung verdichtete sich in ihrer letzten

Leidenszeit bis dahin, daß sie nicht einmal mehr einen Schluck Wasser nahm, ohne vorher gefragt zu haben. Es wäre ein grobes Mißverständnis, in einer solchen Zuspitzung des klösterlichen Gehorsams Unreife, Unselbständigkeit zu erblicken. Die Souveränität des Umgangs mit den unterschiedlichen Situationen in großer Gelassenheit legt Ulrika immer wieder an den Tag. Aber es geht ihr darum, bis in die letzte Faser hinein mit dem in ihr übermächtigen Gott so zu leben, daß nicht sie ihm das Maß setzt, sondern er ihr. Wo Gott allein gebietet, da ist der Mensch ganz frei. Dieses Augustinuswort wird in ihr Gestalt.

Der Übergang von der Kontemplation in die Aktion, von der Helle des Geborgenseins in der Gegenwart Gottes ins Halbdunkel der äußeren Wirklichkeit verlief für Ulrika freilich nicht schmerzlos. Das Übermaß Gottes zehrte an ihr, und dieses Übermaß ließ ihr auch keine andere Wahl, als oftmals auf die vorformulierten mündlichen Gebete zu verzichten und sich einfach dem gegenwärtigen Gott zu überlassen. Sie litt darunter, weil sie nichts Besonderes für sich wollte, aber hier wurde ihr – über äußere Formen und Vorschriften hinaus – von Gott selbst das Maß gesetzt. So wurde in aller Verborgeneit ihr Leben zum beständigen Abenteuer mit dem Gott des Augenblicks, zum je neuen Sprung in seine unabsehbare Gegenwart.

Schwester Ulrika lebte in der Gegenwart Gottes. Diesem fundamentalen Zug ihrer geistlichen Existenz entspricht wie von selbst ein zweiter: Selbstentäußerung, Selbsterniedrigung, Demut. Über kaum einen Punkt ihres Lebens sonst gibt es so viele Bemerkungen und Aufzeichnungen von ihr und von anderen. Sich selbst zu demütigen, Vorwürfe schweigend hinzunehmen, auch wenn sie ungerecht oder aus Verwechslung erfolgt sind, gelassen über das hinwegzugehen, was kränkt und schmerzt, sich zu freuen am Kleinsein, war das bevorzugte und beständige „Übungsfeld" der Liebe Ulrikas zu ihrem Herrn. Wie sehr dies bei ihr zur zweiten Natur wurde, ist freilich ein Zeichen für die Echtheit und Tiefe ihrer inneren Gottverbundenheit.

An der Demut von Schwester Ulrika fällt besonders auf, daß sie – trotz eines redlichen und sensiblen Leidens an allem, was noch nicht vollkommen an ihrer Liebe zu Gott und den Nächsten war – sich nicht in die Traurigkeit über ihre Fehler und Unvollkommenheiten einschloß. Sie wußte, wie wichtig es ist, auch nicht in solch sublimer Weise doch bei sich stehenzubleiben, statt im Vertrauen auf den allein guten und wichtigen Gott zu diesem und mit diesem weiterzugehen. An Schwester Michaela, ihre Baden-Badener Zimmergenossin, die nächst Schwester Bonaventura am meisten teilhatte an ihren besonderen Gnaden und Prüfungen, schreibt sie aus der Hegner Krankenstube: „Die Fehler und Sünden darf und soll man beweinen, aber nicht mutlos und kleinmütig werden. Jeder Fehler soll Sie in der Demut stärken und Ihnen zum Nutzen sein, indem Sie Ihre Nichtigkeit immer mehr einsehen, und so wird der Fehler zur Tugend werden."

Der innere Zusammenhang zwischen Beschauung und Demut, Versenkung in Gott und Selbstentäußerung spiegelt den Zusammenhang zwischen dem Leersein von sich selbst und dem Gefäßsein für den in uns lebenden Herrn. Du bist alles, ich bin nichts: beide Seiten entsprechen sich, gehören zusammen. Aber ihr Zusammengehören und ihre Entspannung sind nur gewahrt, wenn wir viel mehr darauf schauen, daß Gott alles ist, als darauf, daß wir nichts sind. Wir sind sonst nicht wahrhaft „nichts".

Das beschenkte Nichtssein des Menschen wird zum schenkenden Nichtssein, wird, aus der dankbaren Wahrnehmung der Liebe Gottes, zur partnerischen Liebe zu diesem Gott, ja zur bräutlichen Liebe. Immer und immer wieder gewinnt dieser Grundzug biblischer Frömmigkeit Gestalt im Leben von Schwester Ulrika. Sicher ist die Rede von der Ordensfrau als der Braut Christi gang und gäbe in der Frömmigkeit zumal ihrer Zeit. Bei Ulrika wird das bräutliche Verhältnis zu Jesus Christus aber zum geschichtsbildenden Motiv ihres inneren Lebens.

Die scheu zurückhaltende und ein wenig verschlossene Schwester mit ihren eher schwerfälligen Lebens- und Ausdrucksformen gerät in eine eigentümliche Glut, wo das bräutliche Verhältnis zu Jesus Christus angesprochen wird. Das Ereignis der „Verlobung" mit Ihm hat ein bestimmtes Datum, konkrete Folgen. Es ist *der* Ernstfall ihres Lebens, der freilich auch hineinführt in die härteste Prüfung, in die dunkle Bewährungszeit. Braut sein,

Feuer sein, Liebe sein: dies sind die prägenden Erfahrungen und bewegenden Kräfte im inneren Leben von Schwester Ulrika.

Wer die Zeugnisse der bräutlichen Liebe von Schwester Ulrika liest, der macht eine eigentümliche Erfahrung. Nur an wenigen Stellen hebt sich das hier Formulierte vom üblichen frommen Stil der Zeit ab. Dennoch ist man angerührt von der Unmittelbarkeit, Frische und Echtheit dessen, was da in der Seele einer einfachen Schwester vorgeht. Es ist hier nichts „abgeschrieben", „nachgeplappert", „angelernt". Es bricht etwas unmittelbar aus dem Herzen, was keine anderen Worte findet als die gängigen, sie aber von innen her verwandelt und den großen Ursprung auch der abgegriffenen Worte wieder berühren läßt.

Schwester Ulrika lebt im Dreiklang: Verweilen in der Gegenwart Gottes – Selbstentäußerung und Demut – bräutliche Vereinigung. In diesem Dreiklang umfassen, sammeln und ordnen sich die mannigfachen Äußerungen ihres geistlichen Lebens und inneren Weges.

Aber welcher Gott ist da im Spiel? Was können wir vom Gottesbild unserer Mystikerin sagen?

Es ist uns schon aufgefallen, daß die sinnliche Fülle der Bilder, die Konkretheit der Inhalte und das Verstummen aller Worte und Verlöschen aller Bilder in der einfältigen Übermacht Gottes sich in der Frömmigkeit von Schwester Ulrika durchdringen. Gott ist alles und nichts von allem, er ist ganz nah und unendlich über uns erhaben, er hat eine konkrete Geschichte mit uns, und zugleich zerschmilzt alle Geschichte vor ihm in sein reines Dasein.

Dem enspricht, daß wir bei Schwester Ulrika nicht eine eindeutige „Sonderdevotion“, nicht einen durchgehenden spezifischen Ansatz ihrer Frömmigkeit finden. Maria, Josef, Franziskus, die Engel sind ihr stete Weggenossen, das Kreuz, das Herz Jesu, der Herr im Tabernakel, die zu ihrer Zeit unter Pius X. aufkommende neue Kommunionfrömmigkeit sind ihr vertraut. Doch alles dies steht ohne Konkurrenz oder deutlichen Vorzug des einen vor dem anderen im selben Raum des Lebens mit dem lebendigen Gott. Gottes Gaben, Gottes Zeichen, Gottes Freunde sind Ausdruck seiner Fülle, Entfaltung und Näherung seiner Wirklichkeit – aber wichtig ist im Grunde nur Er.

Oder gibt es doch einen Vorzug, ein ordnendes Prinzip, eine Mitte, die den Weg zu dem vielen hin vermittelt? Wir stießen bereits darauf: die bräutliche Liebe zu Jesus Christus. Diese Liebe, als Antwort auf die seine, ist jene Glut, in der alle einzelnen Bilder zerschmelzen und aus der sie in ihrer vielen Farben zugleich hervortreten. Vom einfachen und schon früh geübten Satz „Dem Heiland zulieb“ bis zum Fest der geistlichen Verlobung mit diesem Heiland und zu den letzten Zeugnissen der Sehnsucht, für ewig bei ihm zu sein, umfängt das Motiv der bräutlichen Liebe den ganzen geistlichen Weg Ulrikas.

Aus dieser bräutlichen Liebe zu Jesus aber erhalten wir eine weitere und entscheidende Antwort auf die Frage nach ihrem Gottesbild.

Diese Antwort ist wiederum durch zwei Pole bestimmt. Ulrika betrachtet am liebsten die Einfachheit Gottes. Er ist – auch wenn die biblische Welt, aus welcher dieses Wort auf uns zukommt, Schwester Ulrika weithin ferne oder gar verschlossen war – für sie der „Ich-bin-da" (Ex 3, 14). Die lautere und grenzenlose, ruhende und ruhen lassende, alles umfassende und durchdringende Gegenwart Jesu ist für sie *der* Ort der Gotteserfahrung, *der* Schlüssel der Gottesbeziehung, er ist *die* Ikone Gottes, in welcher dieser Gott selber ganz und gar sich uns zeigt und schenkt. Wer ihn sieht, der sieht den Vater (vgl. Joh 14, 9).

Damit aber stoßen wir von der in Jesus Christus und seiner Liebe offenbaren Einfachheit Gottes aus in den zweiten Pol vor, der das Gottesverhältnis von Schwester Ulrika prägt: Gott ist ihr der Dreifaltige. Es ist kaum selbstverständlich, daß dies in der damaligen Zeit so deutlich ins Bewußtsein tritt wie bei Schwester Ulrika. In einem Gebet, in welchem sie eine heilige Liebe zu Kreuz und Leiden erbittet, bezeichnet sie sich als „das Kind des Vaters, die Schwester des Sohnes und die Braut des Heiligen Geistes". Ulrika reflektiert nicht über das Geheimnis der Dreifaltigkeit. Doch indem sie auf Jesus schaut, entdeckt sie sich als „dem Vater Sein teuerstes Kind" (die schwäbische Grammatik sei eigens belassen). Die Liebe zu Jesus führt in diesem zum Vater, zur Hingabe an ihn, zum Vertrauen auf ihn. In der Glut der Liebe Jesu zu ihr und in der Glut ihrer Liebe zu ihm aber brennt ihr das Feuer des Heiligen Geistes. Die bräutliche Beziehung zu Jesus steht für sie nicht im Gegensatz dazu, daß sie sich auch als „die Braut des Heiligen Geistes" bezeichnet. Immer wieder dankt Ulrika dem Heiligen Geist für das, was er in ihrer Seele wirkt. Der Geist ist es, in dem sie Jesus sieht und erkennt, die eine und einfache Gegenwart Jesu eröffnet sich ihr im Geist und eröffnet in sich den Vater. Schwester Mericia, mit welcher Schwester Ulrika immer wieder in geistlichem Austausch stand, faßt zusammen: „Durch Jesus betete sie an und liebte sie den Vater und den Heiligen Geist."

Wo wäre die Einheit der absoluten Einfachheit und Dreifaltigkeit Gottes uns tiefer zugänglich als in jener Aussage, daß Gott Liebe ist (vgl. 1 Joh 4, 8)? So kann uns ein Schlüsselwort für das Gottesbild und Gottesverhältnis von Schwester Ulrika Nisch ihr Wort sein: „O Liebe, ich will ganz Liebe sein und ganz Deine Braut, die nur noch den Bräutigam kennt und sonst auch gar nichts verlangt."

3. *Liebe sein*

Immer wieder begegnen wir bei Ulrika Nisch der Grundsehnsucht, die Liebe zu sein. Gott selbst ist Liebe, Jesus ist Liebe. Dies führt zur Konzentration ihres Wollens und Seins auf ihn allein. Und es trägt in dieser Konzentration zugleich über ihn hinaus, zu den Menschen, zur Welt. Ich kann nicht zu Gott kommen, ohne mit ihm zu denen zu gehen, für die er sich aus Liebe entäußert.

Den Weg von Schwester Ulrika nachgehend, fan-

xxx Ereignisse

den wir ihren stillen Dienst, ihren Weg zu den Nächsten, beseelt und getragen von ihrem Weg mit Gott und zu Gott, von ihrem Weg nach innen. Die Gestalt ihres Wesens, ihrer Spiritualität nachzeichnend, entdecken wir umgekehrt als die die andere Seite ihrer Leidenschaft für Gott allein die Leidenschaft, Liebe zu sein für alle, Liebe, die „allen alles“ wird.

Diese aus der kontemplativen Mitte sich zu allen hin verströmende Liebe läßt in den Äußerungen von Schwester Ulrika vier Schwerpunkte erkennen.

Einmal will Ulrika alle an der Liebe entzünden, die sie selbst zum Heiland in sich trägt. Liebe sein, Feuer sein, entflammt sein von Ihm, das heißt für sie: andere mit demselben Feuer, mit derselben Liebe anstecken wollen. „O meine Liebe, könnte ich Dich doch so lieben, daß jedes entzündet würde, wo (=welches) ein Wort mit mir spricht; daß ich ein Glühofen wäre, um alle zu erwärmen.“ Liebe sucht nicht nur Geliebte, sondern Liebende. Liebe wirkt Liebe, nimmt in ihre Bewegung des Liebens mit.

Schwester Ulrika verspürt daher eine besondere Verantwortung für jene, die in der Kirche dieselbe Berufung zur Hingabe an Gott in den evangelischen Räten und in geistlicher Gemeinschaft haben. Die Heiligung der Ordensleute ist ihr ein dringliches Anliegen ihres Betens und Opferns. Ordensberufung bedeutet für sie Berufung zur Liebe.

Ein Zweites, was sich wie ein cantus firmus durch ihre Gebete und Äußerungen zieht, ist die

Hinwendung zu den Fernsten, zu den Sündern, zu denen, die Gott entfremdet sind oder nicht kennen. Die grenzenlose und grundlose Liebe Gottes bewegt sie, läßt den Horizont Gottes den Horizont ihres eigenen Betens und Liebens werden. Stellvertretend für viele von ihr überlieferte Worte sei dieses eine genannt: „O könnte ich doch mein Leben jeden Augenblick hergeben, um für alle zu sterben, die in der Sünde dahinsterben."

Ein dritter Zug ihrer Liebe zum Nächsten entspricht der bräutlichen Liebe zu Jesus. Wie sie versucht, auf *ihn* einzugehen, ganz *seinen* Wünschen zu entsprechen, so hat sie auch eine besondere Kraft und Gnade, sich mit ihrem *Nächsten* eins zu machen, von ihm her zu sehen und zu denken. Sie weicht den schwierigen Mitschwestern und Vorgesetzten nicht aus, begegnet ihnen in einer entkrampfenden Gelassenheit, entgiftet die Atmosphäre, trägt zu ihrer Wandlung bei. Sie wendet sich mit Vorzug den besonders Gefährdeten, Benachteiligten, an den Rand Geratenen zu. Die wegen der Tötung ihres Kindes verurteilte Mitarbeiterin Gusti sagt von ihr: „Sie sah in mir nicht die Sünderin. Sie behandelte mich gleich wie die anderen Mädchen. Sie richtete mich auf. Durch sie bekam ich eine neue Seele. So war ich umgewandelt. Solange ich lebe, werde ich Schwester Ulrika dankbar sein. Sie gab mir frohes Hoffen, das alles andere verdrängte." In der Zeit ihrer Krankeit lebte sie für jene, die ihrem Eindruck nach noch schwerer krank waren als sie; ja sie suchte die Nähe und Nachbarschaft derer, die man mied oder die anderen zur Last fielen. Sprechend ist das Zeugnis aus ihrem Mitarbeiterkreis in der Baden-Badener Zeit: „Die Liebe war ihr in Fleisch und Blut übergegangen. Sie war immer gütig, stets zuvorkommend, den Kochlehrtöchtern wie eine Mutter; sie konnte sich in jedes hineindenken, half jedem, betete und opferte mit jedem."

Eine vierte Dimension ihrer Bemühung, Liebe zu sein, galt der schwesterlichen Kommunität. Innerlich war sie in die Einsamkeit gezogen, die Übermacht Gottes nahm sie ganz in Anspruch. Aber sie wußte: Mein Platz ist bei den anderen; und da geht es nicht nur um Pflichterfüllung, sondern darum, daß wahrhaft Gemeinschaft wachse. Bewegend ist ihr Brief an ihre Baden-Badener Mitschwestern, den sie aus der Krankheitszeit in Hegne an sie richtete. Nach einigen hilfreichen geistlichen Anleitungen äußert sie: „Liebe Mitschwestern, Ihr werdet denken, was ich Euch da predige, das wißt Ihr schon lange alles und noch viel mehr, aber ich habe es nicht unterlassen können, Euch ein Briefchen zu schreiben, weil ich ja weiß, daß alle im heiligen Feuereifer sind und wir wollen doch einander heilig und unserem Bräutigam ähnlich machen. Weil wir doch alle ein Herz und eine Seele sind und einander lieben in Jesus Christus."

Liebe will zur Liebe bewegen. Liebe gilt gerade denen, die am weitesten von ihr entfremdet und entfernt sind. Liebe macht sich eins mit dem anderen. Liebe drängt hin zur gegenseitigen Liebe, zur Einheit in der Liebe. Dies ist die einfache, aber umfassende Struktur, die das Wort Nächstenliebe im

Leben und in der Gesinnung von Schwester Ulrika Nisch beschreibt. Wir können in dieser Struktur den lauteren Spiegel jener Liebe erkennen, die Gott in Jesus uns erweist und die als unwiderstehliche Anziehung das Herz von Schwester Ulrika bewegt und verwundet.

4. Wurzel und Bewährung: das Kreuzesdunkel

Die innere Logik des geistlichen Lebens von Schwester Ulrika führt zum Kreuz. Wie tief es ihren Weg prägt und zeichnet, wie unlöslich es mit ihrer Grundberufung als Kreuzschwester verbunden ist, kam bereits zur Sprache. „Ganz dem Gekreuzigten und darum ganz dem Nächsten, der Liebe Christi Stellvertreterin": das ist nicht nur Kurzformel für die Berufung der Kreuzschwestern insgesamt, sondern Schlüssel auch für das Geheimnis von Schwester Ulrika. Sie steht in den Fußspuren ihrer Gründerin, die das Kreuz und die täglichen Leiden den sichersten Weg nannte, der zum Himmel führt, und die ihre Mitschwestern aufforderte, sich im Kreuztragen auszuzeichnen und das Kreuz zu lieben. „Warum sind wir denn Kreuzschwestern?" Doch das Kreuz ist mehr als ein Motiv neben anderen Motiven in der Frömmigkeit von Schwester Ulrika, und es ist zugleich mehr als eine besondere Färbung, welche christliche Berufung in der bestimmten Spiritualität der Kreuzschwestern und Schwester Ulrikas einnimmt. Wenn wir die Elemente des Gottesbildes, wenn wir die gegenseitige

Verwiesenheit von Gottes- und Nächstenliebe, wenn wir die zentrale Bedeutung der bräutlichen Liebe zu Jesus bei Schwester Ulrika Nisch betrachten, so kommen wir von selbst beim Kreuz als dem Angelpunkt des Ganzen an. Die reichen Aussagen über das Kreuz in den Zeugnissen von Schwester Ulrika und über sie bestätigen nur diese innere Logik. Gehen wir von der bräutlichen Liebe Ulrikas zum Herrn aus, die seiner Liebe antwortet, seine Liebe im Alltag bewährt, in seiner Liebe sich den anderen zuwendet, seiner Liebe immer tiefer gleichförmig wird, dann enthüllt sich uns der Zusammenhang der vielfältigen Gestalten, in welchen Kreuz und Kreuzesliebe sich bei Schwester Ulrika bekunden.

Zunächst: Am Kreuz begegnen wir der größten Liebe Jesu zu uns, der Liebe, über die hinaus eine größere nicht gedacht werden kann (vgl. Joh 15,13). Dieses Bewußtsein ist die selbstverständliche Vorgabe für das Angezogensein Ulrikas vom Herrn und seiner unendlichen Liebe. Während ihrer letzten Wegstrecke in Hegne sagte Schwester Ulrika den Kranken, wenn sie ihr Kreuz als überschwer empfanden: „Alles für den Heiland! Es ist ja nichts, was wir leiden. Der Heiland hat ja viel mehr gelitten." Es geht da nicht um eine bloß quantitative Aufrechnung seines Leidens gegen unsere Leiden, sondern um die einzigartige, unser Leiden überragende und einbegreifende Qualität seiner Liebe, die keine Schuld, keinen Tod, keinen Schmerz, keine Verlassenheit von Menschen und Gott ausspart, sondern sich mit allem dem eins macht am Kreuz. In diese Liebe hielt Schwester Ulrika ihr Leiden und das Leiden der anderen hinein, und so gilt ihr Wort sowohl der Liebe des Herrn zu ihr wie ihrer Liebe zu ihm: „Kein Maß kennt die Liebe."

Ist also das Kreuz das höchste Maß der Liebe Jesu zu uns, so wird es zugleich die innere Gestalt unserer Liebe zu Ihm. Wie ihn anders lieben, wenn er uns *so* geliebt hat? Wo liebend seiner Liebe begegnen, wenn nicht am Kreuz? Deshalb werden Tage der Verdemütigung und Prüfung für Ulrika zu Festtagen. Deshalb wird die eigene Liebe zum Bräutigam angesichts seiner übergroßen Liebe kreuzesförmig; Ulrika zitiert in der Seligkeit ihrer Gottverbindung das Hohelied: „Heute war es mir, als müßte ich vergehen vor Liebe, und ich kann auch sagen: Ich bin krank vor Liebe" (vgl. Hld 2,5; 5,8). Deshalb schließlich erfährt Ulrika die Umkehrung der Maßstäbe des Empfindens: „O meine Liebe, ich stehe vor Dir mit ausgespannten Armen, das Kreuz zu empfangen. O glückliches Kreuz, Du bist mein Liebstes auf der Welt. Wie freut es mich, mit meinem Geliebten an das Kreuz gebannt zu sein!"

Dies bleibt freilich nicht nur festtägliche Hochstimmung, Erfahrung höchster Großmut, die über die Abgründe hinwegträgt. Es setzt sich vielmehr um, gerade in den unzähligen kleinen Gelegenheiten alltäglicher Mühsal, in die demütige und Geduld heischende Bewährung: „Unser größter Trost wird es sein, für Gott und Seine Ehre zu leiden. Wenn wir ruhig und still, ergeben in Gottes heiligem Willen, die kleinen Leiden tragen, dann werden wir bald die Wirkung der Gnade fühlen, die uns zu größeren Opfern bereit macht; ja, mag kommen, was will, es ist der Seele zu wenig: sie dürstet und schmachtet nach Arbeit, Opfer und Leiden."

Diese Liebe zum Kreuz blickt aber nicht nur auf den gekreuzigten Herrn, sondern mit ihm auf die andern. Wir stießen bereits darauf: sie möchte jeden Augenblick ihr Leben hergeben, um es für die Sünder anzubieten. Und so bittet sie: „Gib mir ein Herz, das dem Deinen gleicht, das sich hingibt für andere und verzehrt wird von der reinsten Liebe."

Auf diesem Weg wird die Gleichförmigkeit mit dem Gekreuzigten immer mehr Gestalt, der Weg der Vermählten mit dem Herrn ist ein Weg in die Kreuzesgestalt seiner Liebe hinein. Nach den Exerzitien im Frühjahr 1912, die sie noch von Baden-Baden aus in Hegne macht, bekennt sie über ihren Zustand: „Ich hätte nur die Arme ausspannen müssen, dann wäre ich wie der Heiland am Kreuz gewesen."

Das Kreuz, die größte Liebe, die Gott uns erweisen kann – das Kreuz, Ausdruck auch unserer antwortenden Liebe – das Kreuz, Bewährung unserer Liebe im Alltag – das Kreuz, unser Anteil an der Liebe Jesu zu allen und zumal zu den Fernsten – das Kreuz, das zur Gestalt unseres Lebens und unseres Wesens wird: diese „Struktur" der Kreuzesliebe bei Schwester Ulrika wirkt in ihr von Anfang an. Doch es gibt über diese grundlegende und immerwährende Verbundenheit mit dem Kreuz hinaus in ihrer Biographie noch jene Phase der alles umfassenden und verdichtenden Kreuzesnachfolge, die ihr in der Folge ihrer Verlobung mit dem Herrn auferlegt wird: Unterbrechung der Tröstungen, des Lichtes, der fühlbaren Verbundenheit mit Gott und der beruhigten Gewißheit des Glaubens. Gerade in dieser Trennung vom Bräutigam erfolgt die höchste Gleichförmigkeit mit ihm, gerade hier durchdringt und verwandelt seine eigene höchste Liebe, die alles, sich selbst und ihre Verbindung mit Gott uns gibt, den Menschen, der ihm folgt. Die nackte Treue des Bleibens, des Schweigens, des Wartens bereitet hier die Seele zur endgültigen Vereinigung. Das Ersterben der Stimme des Geliebten und des Liebenden führt zum reinen Gleichklang, zur ganzen und endgültigen Vereinigung. Aus dieser letzten Stille erst erwächst jener Friede, den die Welt nicht geben und nicht nehmen kann (vgl. Joh 14,27) und der sich sodann als bleibende Frucht heiligen Lebens und Sterbens austeilt an die andern.

5. Die Grundform: Maria

Es kann nicht anders sein: Maria nimmt im Leben und Beten Ulrikas einen hohen Rang ein. Schon als Kind zieht es sie hin zur Wallfahrtskapelle „Maria Schnee", und noch in ihren letzten Tagen ist der Rosenkranz beständig in ihren Händen. In ihren Schauungen tritt immer wieder die Mutter des Herrn ein in den Raum ihrer Liebe zu Jesus, und es gibt Worte von großer Zartheit, die Ulrikas inniges Verhältnis zu Maria erahnen lassen. Den familienhaft zutraulichen schwäbischen Kindernamen für Maria, „Himmelsmama", nimmt Ulrika mit in ihre Erwachsenenfrömmigkeit.

Aufs erste scheint es nichtsdestoweniger, man könne aus einer konzentrierten Darstellung der Wesensgestalt von Ulrika Nisch und ihre Frömmigkeit auf ein Kapitel über Maria verzichten, da die Inhalte ihrer Gebete und auch ihrer Visionen den Rahmen zeitüblicher Marienfrömmigkeit nicht sprengen und keine tragende Funktion für das Gesamtbild des Zeugnisses von Schwester Ulrika verraten.

In der Tat rieten die ausdrücklichen Aussagen über Maria und Gebete zu Maria, die uns von Schwester Ulrika überliefert sind, zu solcher Beschränkung, die wir auch in anderen Feldern übten: Wir sprachen nicht von wunderbaren Begebenheiten wie Vermehrung von Speise, von Voraussagen künftiger Ereignisse durch Schwester Ulrika und gingen nur pauschal auf ihre Gesichte ein. Der Grund, weshalb dennoch das abschließende Stück dieses Kapitels Maria gewidmet ist, liegt anderswo. Es geht nicht so sehr um das Marienbild, das Schwester Ulrika *hat*, sondern mehr um das Marienbild, das sie *ist*. Ich bin überzeugt, daß ihre Gestalt in keinem anderen Bild so prägnant angeschaut und gedeutet werden kann wie im Bild Mariens.

Dies freilich erschließt sich uns am leichtesten, wenn wir nun doch zunächst auf das Marienbild blicken, welches Schwester Ulrika *hat*.

Zunächst zwei (sprachlich „naturbelassene") Abschnitte aus ihren Aufzeichnungen: „Der Monat

Mai ist geweiht meiner lieben Mutter, und ich will ihr als treues Kind meine Gaben alle ihr schenken. Es ist nicht viel, aber sie weiß ja, wie schwach ich bin; ich opfere mich jeden Augenblick durch ihre reinsten Hände meinem Bräutigam auf. Jeder Schritt und Tritt, auch das kleinste Werk, soll zu deiner Verherrlichung dienen, o meine gute Mutter. O du liebe Mama, wenn ich nur alles aussprechen könnte, alle Gefühle und Wünsche meines Herzens, weil ich aber dein hilfloses Kind bin, so lege ich mich ganz auf deine Arme und strecke meine Arme um Hilfe aus ... o liebe Himmelsmama, sag doch zu meinem Bräutigam, was wir auf Erden ausstehen; er soll sich doch erbarmen über seine untreuen Bräute und verzeihen. Sage nur, ich habe mich ganz und gar hingegeben, ich kann nicht mehr leben, er soll mir doch die Hand reichen zur ewigen Vermählung, daß ich ihn sicher nicht mehr verliere." Und dann: „Am Vorabend von Mariä Empfängnis sah ich meine Mutter schön gekleidet ... ich sagte zu meinem Bräutigam, schau wie schön, und knieten uns vor sie hin. Sie sagte, als sie kam: Ich bin deine Mutter, und ich dein Kind, sagte ich. Den folgenden Tag waren wir beständig beieinander, und es ist eine Wonne, in einer solchen Gesellschaft zu leben; o ich möchte jeden Augenblick sterben, um ganz gar mit ihnen vereinigt (zu) sein. Diese Schönheit kann niemand begreifen ..."

Was ist hier wichtig? Das Leben mit Jesus ist auch ein Leben mit seinen Heiligen und zumal mit seiner Mutter, das Leben mit Maria aber geht unmittelbar über ins Leben mit ihrem Sohn. Das

Kennzeichnende ist eine umfassende „Communio", also Gemeinschaft. Ulrika ist ganz auf Jesus Christus zentriert, aber diese Zentrierung bleibt nicht isolierte Beziehung, sondern öffnet den Raum, in welchem ein Leben miteinander und füreinander vom Herrn her und auf ihn hin sich entfaltet. Es gibt in dieser umfassenden Gemeinschaft etwas wie das gemeinsame Interesse der „Braut" und der Mutter des Bräutigams. Es ist das Interesse, die Vereinigung mit dem Bräutigam, die Liebe zu ihm möge doch ganz gelingen, und die Liebe des Bräutigams möge in der Welt das verwandeln und überwinden helfen, was nicht mit der Liebe zum Bräutigam in Einklang steht. O daß ich doch ganz liebe, o daß die anderen doch ganz liebten: für diese beiden Ziele möchte Ulrika leben; und hier bergen sich ihre Sehnsucht und ihr Wunsch in Sehnsucht und Wunsch der Mutter. So läßt sich vom inneren Grund her verstehen, was in den schlichten und zugleich doch dichten Worten Ulrikas sich ausdrückt.

In Ulrikas Marienverhältnis gibt es jedoch noch einen weiteren Schritt: „August des unbefleckten Herzens Mariä. Wenn ich das reinste Herz meiner Mutter betrachte, dann fühl ich in mir eine gewisse Scham als treues Kind, das ich sein will und doch so befleckt und so unrein und so unähnlich. O dann möchte ich mich in das Mutterherz versenken und keinen Augenblick mehr zögern, einen anderen Lebenswandel zu führen. Aber wie schwach, so schwach, daß ich die nächste Minute wieder umfalle. O wie sehr wünschte ich, so ganz begraben zu sein in dem reinen Mutterherzen, so daß ich alle meine Handlungen, Worte, Werke, alles so vollbringe wie das reinste Mutterherz, daß mich nichts begleitet als das ewig reine einfältige aufrichtige, kindliche, demütige, opferwillige, selbstvergessene (Mutterherz) ..." Und sofort anschließend wird im selben Atemzug Jesus angeredet.

Hier steht Ulrika nicht nur im selben Raum mit Jesus und Maria, vom einen zur andern, von der andern zum einen hinblickend. Hier gibt sich Ulrika in Maria hinein. Maria wird sozusagen der Ort jener Hingabe, die sie sucht. Das Herz Mariens wird der Ort ihres eigenen Herzens, an welchem dieses sich erneuert, ausrichten, formen kann. Maria ist nicht nur Bezugspunkt im einen Lebensraum mit dem Herrn, sondern sie ist Modell, Typus, prägende Form.

Von hier aus eröffnet sich nun das Bild Mariens, das Ulrika Nisch *ist*. Der Unterschied bleibt klar: Maria ist die Vollgestalt und Erstgestalt des vom Heiligen Geist geformten Herzens, des an den Herrn verschenkten Lebens der Erlösten. Was aber in der „Schule Mariens" Gestalt gewinnt in Ulrika, das läßt sich lesen und verstehen von Maria her.

Versuchen wir, drei marianische Formprinzipien zu entdecken, die sich in Schwester Ulrika auswirken.

Zum ersten: Maria ist die Magd des Herrn, die mit ihrem Leib und Leben, mit ihrem Dasein und Alltag ihm dient in der gänzlichen Verborgenheit nach außen – und sie ist zugleich die Wahrerin des Wortes, die ganz in der schauenden Hingabe an den

Herrn, in der hingebenden Schau auf ihn lebt (vgl. Lk 2, 19 und 51; Joh 2, 5). „Hausfrau und Sitz der Weisheit", so wird in einer zeitgenössischen Marienmeditation dieses Geheimnis Mariens umschrieben (vgl. Chiara Lubich, Bis wir alle eins sein werden, München 1977, 110). Stiller Dienst aus höchster Schau, Kontemplation des Alltags: das ist Maria, das ist Schwester Ulrika Nisch.

Zum zweiten: Wenn wir Mariens „Persönlichkeit" suchen, dann treffen wir ins Leere. Ihr Ja sagt alles, was von ihr zu sagen ist. Aber gerade in der Kraft und Schönheit dieses Ja wird sie „allen alles". Es ist keine Beliebigkeit, daß die Christenheit sie „Trösterin der Betrübten", „Zuflucht der Sünder", „Hilfe der Christen", „Mutter der Barmherzigkeit" nennt. Ihr „Nichtssein" öffnet sie, mit ihrem makellosen Ja die einzige Lösung und Antwort, die es gibt, in jede Situation, in jede Tiefe eines menschlichen Herzens hinein zu sprechen: Jesus selbst. Wiederum finden wir hier das wieder, besser: das in seinem Grunde, was wir an Ulrika Nisch entdeckten. Auch sie ist in der unscheinbar sich selbst zurücknehmenden und verschweigenden Bereitschaft zum Dienst, zum Eingehen auf den andern, zum lautern Hineingeben jeder Situation und jedes Nächsten in die Liebe des Bräutigams die Helferin, die Trösterin, die Barmherzige. Das heilbringende Wort braucht die stille Stimme, um in die Tiefe menschlicher Existenz hinein gesagt zu werden.

Zum dritten: Die Geschichte Mariens ist eine Geschichte des Verlierens. Sie empfängt alles – aber dieses Alles wird ihr genommen, dieses Alles gibt sie her. Die Trennung von dem, den der Vater ihr geschenkt hat, das Stehenbleiben unter dem Kreuz des Gottverlassenen, der Tausch des Sohnes Gottes, der ihr Sohn war, mit dem „fremden" Jünger: das ist ihr Anteil. Der Kreuzweg Mariens steht in tiefer Gemeinschaft mit dem Kreuzweg Ulrikas.

Die leise Stimme, die Ulrika Nisch ist, wird hörbar im Schweigen Mariens, in der leisen Stimme, die Maria ist.

Gott allein – Liebe sein – Zusammenhang dieser beiden Dimensionen im Kreuzesgeheimnis – daraus erwachsend das Bild Mariens: so steht die Gestalt von Ulrika Nisch vor uns.

4. Kapitel: Die Botschaft

Die Gestalt, die aus dem Weg von Schwester Ulrika Nisch erwächst, *ist* Botschaft. Ich glaube indessen, ich soll diese Botschaft nicht nur in sich stehenlassen, sondern abschließend zu bezeugen suchen, was *mir* diese Gestalt sagt, welche Botschaft sie *mir* ist.

Hörend auf die leise Stimme Schwester Ulrikas, habe ich drei Entdeckungen machen dürfen. Ich möchte sie im folgenden knapp benennen.

1. Der einfache Gott – der Gott der Einfachen

Am tiefsten von den Worten Schwester Ulrikas traf mich die Bemerkung, sie betrachte am liebsten die Einfachheit Gottes.

Zuerst mit etwas Zögern an die Äußerungen ihrer Frömmigkeit mich herantastend, fand ich mich bald mit hineingenommen in jenen Sog des anwesenden Gottes, der ihr Leben bestimmte. Einfach bei ihm sein, einfach seinem Geheimnis mich öffnen, einfach jenem unaussprechlichen „Da" mich hinhalten und selber ein „Da" werden, dies war die Einladung, die von Ulrikas Leben und Welt an mich erging.

Aber ich dachte mir: Ist das nicht schrecklich fremd für so viele heute? Ist das nicht gleich weit weg von den Frommen wie den Unfrommen? Wissen viele Fromme nicht weit besser Bescheid über so vieles und fangen so mit dieser Einfachheit wenig an? Und ist für die Unfrommen diese Einladung nicht einfachhin unhörbar, zugedeckt durch ganz andere Erfahrungen und Interessen? Und doch, mehr als Leben, Freiheit, Erfüllung, Verwirklichung lädt insgeheim uns dieses verborgene „Dasein" ein. Ich kenne Menschen, die so da sind vor dem „da-seienden" Gott und daraus in ein durchsichtiges Dasein für andere erwachen. Sie verwandeln die Atmosphäre. Und sie bringen etwas zum Schwingen, was zu uns gehört, was uns ausmacht, was unser Geheimnis ist. Es ist „wie nichts", dieses Dasein, es ist ganz still, aber ganz dicht, wirklich, mächtig.

Es fiel mir auf, daß recht einfache Menschen dieses „Da", diesen „Da" möchte ich sagen, kennen. Die Einfachen wissen, daß man ihm nicht ausweichen kann, daß es nicht gut ist, sich vor ihm zu verstecken, daß er einem ins Herz schaut, daß man ihm keine Vorschriften und klugen Einreden bringen kann, daß er aber auf die Stimme des Schwachen und Gebeugten hört, daß er trösten kann und helfen und verheißen, ohne daß dies ein leeres Versprechen wäre.

Und es ist mir, als ob Schwester Ulrika sagte, daß viele sich in dieses Dasein des lebendigen, einfachen Gottes öffnen könnten, daß es die Fragen und Wunden ihrer Seele stillte, daß es sie wach und verantwortlich machte für die Nächsten und die Welt. Und wer sich lange genug in dieses Dasein gehalten hat, dem kommt die Bitte um die Glut, um das Liebe-Sein, und er wird in der Liebe Jesu den Vater und den Geist entdecken; doch dies alles wird etwas ganz Einfaches, Vertrautes, Selbstverständliches sein – und dann öffnet sich eine weite Gemeinschaft, die Himmel und Erde umspannt und in der wir miteinander reden können, einfach und vertrauensvoll, über Schranken aller Art und sogar über die Schranke des Todes hinweg.

Es wird dabei dunkle Stunden und schmerzliche Wunden geben, wir sind nicht davor sicher, daß es uns nicht genauso geht wie Schwester Ulrika. Aber wir werden keine Angst mehr davor haben, denn Er ist da. Da auch und gerade im Dunkel, in der Abwesenheit, in der Gottverlassenheit. Diese enthüllen sich in der Gottverlassenheit Jesu gar als sein dichtestes, unauslöschliches Dasein.

2. Berufung zum Sein

Die zweite Entdeckung liegt ganz nahe bei der ersten. Im Grunde sprachen wir bereits davon: Wer sich in die Einfachheit Gottes versenkt, der wird selber einfach. Bei Ulrika Nisch gibt es keine besondere Taten und keine auffallenden Worte, keine umwälzende Gedanken und keine faszinierende Lebensgeschichte. Sie ist einfach da. Dieses Dasein verdichtet sich im doppelten Augenblick. Einmal im Augenblick des Gebets, der von innen keinen

Anfang und kein Ende kennt, der einfaches Hinschauen ist auf den anwesenden Gott, Verweilen in ihm: mein Geliebter in mir, ich in meinem Geliebten! Zum andern im Augenblick der Zuwendung, des Dienstes, des verwandelnden Annehmens von Schmerz oder innerer Verletzung. „Dem Heiland zulieb!" Das ist der Rhythmus dieses Daseins, der die Zwänge der Depression und Vergeltung in Gelassenheit hinein überwindet und den neuen Anfang schenkt. Was tut, was erfährt, was erleidet der Mensch in solchem Augenblick? Alles – und doch nichts. Er *ist* einfach, und dieses einfache Sein ist äußerste, gefüllte Dichte und zugleich gänzliche Zurücknahme, Sein, als wäre ich nicht.

Ich weiß keinen anderen Namen für solches Sein als jenen, der Ulrika selbst immer wieder von den Lippen kommt: Liebe sein! und jenen anderen Namen, der sich mir erschloß, indem Ulrikas Wesen sich mir erschloß: Maria sein. Lernen, ganz da zu sein, lernen zu sein, als wäre ich nicht, lernen, mit dem Sein selber „ja" und „für" zu sagen ohne zusätzliche Blicke, Interessen, Aktivitäten, dies kann uns zufallen in der Schule von Schwester Ulrika, in der Schule Mariens. Ob solche Berufung zum Sein nicht der Grund und Boden ist, auf denen auch wir am tiefsten Sinn und Fülle, Richtung und Auftrag unseres Lebens entdecken?

Ich glaube nicht, daß solche Berufung zum Sein uns den fälligen Taten abspenstig macht, im Gegenteil: Nur aus solchem Sein kann die fällige Tat folgen.

3. Die Neuheit des Alten

Ich habe mich gefragt: Was bedeutet es, daß gerade jetzt Ulrika Nisch seliggesprochen wird? Von der Sprach- und Ausdruckswelt ihrer Frömmigkeit trennen uns die tiefgreifenden Bewegungen und Entwicklungen der Theologie und Spiritualität unseres „Jahrhunderts der Kirche". Aber gerade in das Ende dieses Jahrhunderts hinein trifft ihre Botschaft. Als ich die vielerlei Zeugnisse durchmusterte, die uns von Ulrikas Leben mit Gott und den Menschen überliefert sind, zeigte sich mir bald: Da ist mehr als die Aufhäufung tradierter Floskeln und Formeln. Es gibt eindeutige Schwerpunkte, durchsichtige Grundverhältnisse, es gibt etwas wie eine innere Struktur dieser Frömmigkeit. Sie geht aus von der Grundfrage, die heute so viele beschäftigt: religiöse Erfahrung und handelndes Leben inmitten der Welt zu verbinden. Alltag als gelebte Kontemplation, Kontemplation als stellvertretendes Hineintragen der Welt in Gott: dies wird uns von Ulrika vorgelebt. Die zutiefst mystische Sehnsucht unserer Zeit erhält eine glaubwürdige Antwort in Ulrikas einfachem Gott und Gott der Einfachen. Der unlösliche Zusammenhang von Mystik und liebender Zwendung zu den andern leuchtet auf in ihrer Sehnsucht, Liebe zu sein. Stellvertretende Solidarität mit den Fernsten und Zeugnis gelebter Communio prägen dieses ihr Mühen um das Liebe-Sein. Der Schlüssel für Gottzuwendung und Weltzuwendung zugleich ist ihr das Kreuz. So leuchtet in ihr die marianische Grundgestalt der Kirche auf, die in ihrem Dasein das Wort empfängt, Fleisch werden läßt und an die Welt verschenkt.

In Ulrika Nisch ist zugleich jene Frömmigkeit der Frommen buchstabiert, deren Schätze uns nicht verlorengehen dürfen, auch wenn sie weit weg von unserer heutigen Mentalität angesiedelt scheint. In Ulrika Nisch sind aber zugleich die Grundlinien einer Frömmigkeit gezeichnet, die in der säkularen Fremde und Bedrängnis die Mitte des Evangeliums lebbar macht. Solcher Brückenschlag „gelingt" in Ulrika Nisch, weil sie gerade nicht selber groß ist, sondern sich zurücknimmt ins einfache Dasein, weil sie leise Stimme ist, in welcher die leise Stimme Gottes erklingen und uns erreichen kann.

Nachwort

„Jede Heiligkeit ist neu, wie jedes Menschenantlitz neu ist" (Ida Friederike Görres). Für große Heiligengestalten, die wie ein Komet über einem Zeitalter aufscheinen, ist das unmittelbar einleuchtend. Werden wir auch das Neue verstehen, das Gott unserer Zeit in der Gestalt von Ulrika Nisch schenken will? Werden wir im Lobpreis Jesu ihr Geheimnis ahnen: „Ich preise dich, Vater, Herr des Himmels und der Erde, weil du all das den Weisen und Klugen verborgen, den Unmündigen aber offenbart hast?" (Mt 11,25.)

Unsere Zeit stellt die Frage nach dem „wahren Gesicht" der Heiligen. Damit kann kaum eine Fotografie gemeint sein. Sie vermag das Wesen eines Menschen nicht zu fassen. Von Schwester Ulrika gibt es aus ihrer Zeit als Hegner Kreuzschwester nur wenige Fotos, eines aus dem Jahr 1912, also ein Jahr vor ihrem Tod, in der Küche des Vinzentiushauses in Baden-Baden aufgenommen. Es zeigt sie inmitten ihrer Mitarbeiterinnen. Aus diesem Foto ist ihr Antlitz vergrößert worden. So kennen wir Schwester Ulrika: Mit einem überaus ernsten Gesicht, das gezeichnet ist von konsequentem Willen und wohl auch von schmerzhafter Krankheit. Der Blick ihrer

Augen geht ins Weite. „Ich suchte ihn, den meine Seele liebt" (Hld 3,1). Der kirchliche Seligsprechungsprozeß suchte auf seine Weise das „wahre Gesicht" dieses Menschen zu zeigen: Zeugnisse von Zeitgenossen wurden gehört, Briefe und Aufzeichnungen gesammelt und geprüft. Das Ergebnis liegt in mehreren Bänden vor.

Kennen wir aber damit auch schon das innere Geheimnis dieses heiligen Lebens? Mir scheint, daß dieses „einfache" Leben, verdichtet in tiefer Jesusmystik und im gelebten Mysterium des Kreuzes, einen verläßlichen Führer braucht, der uns kundig den Weg ins innere Geheimnis unserer Seligen erschließt, ihr „wahres Gesicht" aufleuchten läßt. Der Bischof von Aachen, Dr. Klaus Hemmerle – von Haus aus Freiburger – hat das auf meine Bitte hin versucht. Er läßt uns teilhaben an seinem eigenen Weg, auf dem er Schwester Ulrika entdeckt hat. Ich danke ihm, daß er uns den Zugang zu den Quellen dieses Lebens so sympathisch erschlossen hat, daß ihre Gestalt deutlich, ihr Weg verstehbar und die Botschaft ihres Lebens, wenn auch als „leise Stimme", zum Anruf für uns alle wird. All denen, die sich der geistlichen Führung dieses Buches anvertraut haben und noch anvertrauen werden, wünsche ich, daß sie erfahren dürfen, wie einfach die Liebe ist, in der Gott die Menschen erreicht.

Am 8. Mai, dem Jahrestag des Todes von Schwester Ulrika, den der Glaube der Kirche als „Geburtstag zum ewigen Leben" feiert, wird die Kirche künftig beten:

Vater des Erbarmens und Gott allen Trostes,
du hast die selige Ulrika von Hegne dazu berufen,
deinem gekreuzigten Sohn nachzufolgen
und in Demut und Liebe – die kein Maß kennt –
ihren täglichen Dienst zu tun:
Schenke uns auf ihre Fürsprache die Kraft,
die Widrigkeiten unseres Lebens als Ergänzung
des Leidens Christi zu tragen.

Möge das Neue und doch auch immer Bekannte der Botschaft ihres Lebens, die gelebte Antwort der Liebe, uns auf dem eigenen Weg der Nachfolge Christi ermutigen.

† *Dr. Oskar Saier*
Erzbischof von Freiburg

Christian Feldmann

Liebe, die das Leben kostet

Edith Stein – Jüdin, Philosophin, Ordensfrau

„Mit Edith Stein – das wird in diesem Buch deutlich – können sich moderne Menschen identifizieren, als ob sie noch mitten unter uns lebte. Christian Feldmann zeichnet die verschiedenen Stationen ihres Lebens nach – zuverlässig nach dem neuesten Stand der Forschung, gleichzeitig aber in packender und mitreißender Sprache. Den Leser wird dieses Buch nicht kalt lassen. Er wird tief beeindruckt sein von der Gestalt Edith Steins und sie als leidenschaftliche Wahrheitssucherin, die Gott auch mit dem Verstand finden wollte, erfahren ..."

Aachener Kirchenzeitung

3. Aufl., 144 Seiten, Paperback. ISBN 3-451-20958-6

Christian Feldmann

Die Wahrheit muß gesagt werden

Rupert Mayer – Leben im Widerstand

„Feldmann zeichnet das Bild eines ungewöhnlich hilfsbereiten, gläubigen, aber auch kritischen Menschen. Seine Wachsamkeit gegenüber allen Vorgängen in Politik, Gesellschaft und Kirche brachte ihn schließlich in die Opposition gegen die Nationalsozialisten. Drohungen und Verhaftungen durch die Nazis brachten den Jesuitenpater nicht zum Schweigen. In journalistisch gewandtem Sprachstil bietet Christian Feldmann wissenschaftlich Fundiertes. Aus Gerichtsprotokollen, Predigten und Zitaten heraus wird die Gestalt P. Mayers lebendig."

Süddeutsche Zeitung

3. Aufl., 120 Seiten, Paperback. ISBN 3-451-20959-4

Verlag Herder Freiburg · Basel · Wien

Ruth Pfau

Wenn du deine große Liebe triffst.

Das Geheimnis meines Lebens.

„Nicht die äußeren Erfolge der Lepraärztin Ruth Pfau sind das Bemerkenswerte, sondern die innere Haltung dieser ungewöhnlichen Frau. Sie beschreibt ihre Freuden und Enttäuschungen, ihr zähes Durchhalten. Fügung und Gnade sind wichtige Grunderfahrungen in ihrem Leben. Dabei ist sie sehr selbstbewußt, weltoffen und realistisch: Nur von Tugend kann man nicht leben. Sie versteht es, sich dem Leser so mitzuteilen, daß ihre Sprache und ihre Motivation verstanden wird ... Ein begeisterndes Buch." Buchpublik

4. Auflage, 160 Seiten, Paperback. ISBN 3-451-20259-X

Odilo Lechner / Ulrich Schütz

Mit den Heiligen durch das Jahr

Das Werk bringt die großen, vorbildlichen Gestalten christlichen Glaubens und Lebens auf eine ansprechende und sinngemäße Weise nahe: durch 62 Farbtafeln mit Bildmeditationen, durch einen kalenderartigen Teil mit den jeweiligen Tagesheiligen sowie prägnanten Worten von Heiligen. Die Bildauswahl spiegelt die faszinierende Vielschichtigkeit, wie Menschen verschiedener Zeiten und Kulturen, unterschiedlicher Lebensbedingungen verwirklichten, was Menschsein und Christsein bedeutet.

288 Seiten, gebunden. ISBN 3-451-20485-1

Verlag Herder Freiburg · Basel · Wien